精品课程配套教材

21世纪应用型人才培养规划教材

"双创"型人才培养优秀教材

U0690136

管理
信息系统

（理论+实训）

主　编　周　冲　覃晓康

副主编　邓福康　陈　鹏　徐　旭

GUANLI

XINXI XITONG

东北大學出版社

Northeastern University Press

ⓒ 周 冲 覃晓康 2015

图书在版编目（CIP）数据

管理信息系统/ 周冲，覃晓康主编. -- 沈阳：东
北大学出版社，2015. 1（2020. 6重印）
ISBN 978-7-5517-0899-9

Ⅰ.①管… Ⅱ.①周…②覃… Ⅲ.①管理信息系统
-高等学校-教材 Ⅳ.①F931.6

中国版本图书馆 CIP 数据核字（2015）第 019938 号

出 版 者：东北大学出版社
　　　　　地　　址：沈阳市和平区文化街三号巷 11 号
　　　　　邮　编：110819
　　　　　电　话：024-83680267（社务室）　　83687331（市场部）
　　　　　传　真：024-83687332（总编室）　　83680178（出版部）
　　　　　网　址：http：//www.neupress.com
　　　　　E-mail：neuph@neupress.com
印 刷 者：北京俊林印刷有限公司
发 行 者：东北大学出版社
幅面尺寸：185mm×260mm
印　　张：13.5
字　　数：352千字
印　　次：2020 年 6 月第 2 次印刷
责任编辑：孙　锋
责任校对：潘佳宁　刘　泉
封面设计：尤岛设计
责任出版：唐敏志

ISBN 978-7-5517-0899-9　　　　　　　　　　　　定价：39.00 元

前　言

　　管理信息系统作为多学科交叉的一门学科，内容涵盖广，涉及学科多，以往的管理信息系统教材多是过多涉及计算机编程等内容，相对比较抽象，不利于文科类学生的学习。本书在结合高等院校文科学生实际情况的基础上，将管理信息系统的相关知识进行了总体规划，形成了一本内容全面、知识结构严谨、便于学生掌握利用的教材。本书可以作为普通全日制在校学生参考学习。本书资料的主要来源都是在参考相关书籍的基础上，在教学实践中不断摸索修改完成的。

　　本书在编写过程中，参考了相关的实训指导书及教材，在此，向这些书籍资料的作者表示衷心的感谢。学院各位领导、老师对本书的编写提出了很多宝贵的建议，在此表示由衷的感谢。

　　由于时间仓促和作者水平有限，书中难免存在疏漏或谬误之处，请读者不吝赐教。

编　者

目 录

下篇 系统应用与实训篇

上篇 基础理论与实训篇

第一章　信息与系统基础知识

第一节　信息基础知识

一、信　息

（一）定　义

远在我国唐代，诗人李中在《暮春怀故人》诗中就有"梦断美人沉信息，目穿长路倚楼台"的美妙绝句。我国台湾、香港及澳门地区则将"信息"译为"资讯"。我们日常应用的信息不是一个精确的术语，随着社会的发展和现代科学技术的进步，信息的概念被逐步扩展、渗透和运用到社会科学与自然科学的许多领域，其内涵和外延也发生了变化。广义的信息定义人们至今还在争论不休，目前可以说还没有定论。

人们从不同的角度理解信息，可以得出以下定义：

信息是表现事物特征的一种普遍形式；

信息是数据加工的结果；

信息是系统有序的度量；

信息表现物质和能量在时间、空间上的不均匀分布；

信息是数据的含义，数据是信息的载体；

信息是帮助人们作出决策的知识。

信息论者认为："信息是用来消除随机不确定的东西"。而控制论者认为："信息就是人与外界互相作用的过程中互相交换的内容的名称"。一般认为：信息是反映客观世界中各种事物的特征和变化、可以通讯的知识。

对于信息，我们无需去研究哪一种定义更为确切，但关于信息有两点应该明确：

（1）信息在客观上是反映某一客观事物的现实情况的；

（2）信息在主观上是可以被接受、利用的，并指导我们的行动。

从本质上讲，信息存在于物质运动和事物运动的过程中，它是一种非物质性的资源，它和物质、能源一起构成现代社会发展的三大支柱资源。正如一位美国科学家在一首诗中所描写的那样：

"没有物质的世界是虚无的世界

没有能源的世界是死寂的世界

没有信息的世界是混乱的世界"

信息的作用就在于把物质、能源构成的混浊、杂乱的世界，变成一个有序的世界。减少人的不确定性，增强世界的有序性。

信息是现代社会中和物质、能量同等重要的资源要素。

信息是有一定含义的、经过加工处理的数据，它对接收者有意义，对决策或行为有现实或潜在的价值。

可以从以下四个方面进一步理解信息的概念：信息是对客观事物特征和变化的反映；信息是可以传递的；信息是有用的；信息形成知识。

（二）基本特征

1. 信息的客观性

信息是事物变化和状态的客观反映。由于事物及其状态、特征和变化是不依人们意志为转移的客观存在，所以反映这种客观存在的信息，同样带有客观性。

2. 信息的共享性

物质、能量是守恒的，在交换过程中遵循等值交换原则。任何物质和能量，某人占有了它，别人就没有了它。而信息则不同，是可以共享的。交换信息的双方都不会失去原有的信息，反而会增加一些信息。

3. 信息的价值性

信息本身不是物质生产领域的物化产品，但它一经生成并物化在载体上，就是一种资源，具有可采纳性，或称之为有用性。也就是说，信息具有使用价值，能够满足人们某些方面的需求，被人们用来为社会服务。信息的开发和处理是一种创造性的劳动过程，对它的价值评定不能简单地以"社会平均必要劳动时间"来决定。

4. 信息的时效性

信息是有寿命的、有时效的，和世界上任何商品一样，它有一个生命周期。信息的使用价值与其所提供的时间成反比。时间的延误，会使信息的使用价值衰减甚至完全消失。信息作为客观事实的反映，总是要先有事实，然后才能生成信息。所以，信息落后于客观事实和原始数据，有一定的滞后性。因此，信息一经产生，就应加快信息的传输，及时使用。

5. 信息的无限性

信息作为事物运动的状态和方式，以及作为关于事物运动状态和方式的知识，是永不枯竭的。只要事物在运动，就有信息存在。只要人类认识和改造客观世界的活动不停止，这些活动就会产生大量的信息供人类利用。所以，信息不会像材料和能源那样发生资源短缺的危机。信息的无限性表现在两个方面：一是客体产生的信息具有无限性；二是主体利用信息的能力具有无限性。

信息具有事实性、精确性、不完全性、经济性、时效性、可压缩性和扩散性等属性。

（三）分　类

1. 按照信息的产生方式分类

（1）自然信息：是自然界的事物及事物之间内在联系的表征。

（2）人工信息：人们依据物质运动，利用一定手段，人为地进行表征和描述。

（3）综合信息：是指在人类社会中，自然信息和人工信息的集成。

2. 按照信息的来源渠道分类

（1）内部信息：它是指企业的各种业务报表和分析报告，有关生产方面、技术方面的资料，以及经营管理部门制定的计划、经营决策等方面的情况。

（2）外部信息：它是指从企业外部获取的信息。如政府部门的政策、法规，相应职能部门的各种统计、调查资料、分析报告，相关行业竞争者的情况，以及从各种渠道获得的国内外市场的各种信息等。

3. 按照信息的等级分类

管理是分等级的，对于同一问题，处于不同管理层次，则要求不同的信息，因而信息也是分等级的。管理一般分为高、中、低三层，信息和管理相对应，一般分为战略级、策略级和执行级，不同级的信息性质不同。

二、数　据

数据，是客观实体属性的一种表示，是事件发生的原始表示（记录），是非随机的可鉴别的符号。

按照某种规则和关系，可以将数据组织成有用的、有价值的信息，经由数据加工（Process）和处理后形成的信息的种类，是由加工和处理数据时依据的"关系和规则"来决定的，相同的数据处理和加工时依据的"关系和规则"不同，形成的信息可能完全不同。

数据转化为信息的过程需要一系列的逻辑加工，在数据中定义逻辑关系或寻求逻辑关系的加工过程需要的是知识。使用手工和计算机处理数据没有本质的不同。

三、信息与数据、资料、消息、情况、知识、情报的区别

数据是记录下来的可以鉴别的符号和数字，是指客观实体属性的值。数据不仅可以用数字，也可以用文字、符号、图形等来表示。数据解释后，才能成为信息。而信息则是数据的含义，它更能直接、明确地反映客观事物的本质。数据是信息的符号表示，或称载体，数据不经加工只是一种原始材料，其价值只是在于记录了客观数据的事实。信息是数据的内涵，是数据的语义解释。信息来源于数据，是对数据进行加工处理的产物。其价值在于人类认识世界和改造世界活动的现实意义。

（1）资料：是一个具有特定意义的概念，指人们在学习和工作中作为研究、参考或保存的材料。

（2）消息：是新闻学上的一种载体。人们通常所说的消息是指包含某些内容和意义的音信。消息是信息的具体反映形式，信息是消息的实质内容。不同的消息中所包含的信息量也是不同的。

（3）情况：一般是指已经发生的客观事实。情况只有经过人们的感知，通过载体传递，并为人们所认识，才能形成信息。

（4）知识：是人类社会实践经验的总结，是人的主观世界对于客观世界的概括和如实反映。

（5）情报：是指特定（如科学、军事、商业等）活动中从外部获取的用特殊方式传递的、涉及有关各方利害关系并有一定时效性的信息。

总之，数据、信息和知识可以看作对客观事物感知的三个不同阶段。数据直接来自感应的仪器，反映了变量的测定值。数据是根据某种测度而给出的事实。信息是经过组织的有结构的数据，从而具有了意义。知识则进了一步，它能够预测、给出因果关系，并指导进一步要做什么。

第二节　系统基础知识

一、系　统

通常认为，系统是由相互联系、相互作用的诸要素组成的具有特定功能的有机整体。系统论的奠基人贝塔菲的解释是：相互作用诸要素的综合体。美国国家标准协会对系统的定义是：各种方法、过程或技术结合到一块，按照一定的规律相互作用，以构成一个有机的整体。而国际标准化组织委员会对系统的定义是：能完成一组特定功能的，由人、机器及各种方法构成的有机集合体。

不论怎样的现实问题，要构成一个系统，必须具备三个条件：

（1）要有两个以上的要素；

（2）要素之间要相互联系、相互作用；

（3）要素之间的联系与作用必须产生整体功能。

所以，系统是一些部件为了某种目的而有机结合的一个整体，本质是一定环境中，一类为达到某种目的而相互联系、相互作用的事物的有机集合体。

二、系统分类

按照组成系统的要素的性质，现实世界中的系统可分为以下三种。

（1）自然系统：由自然力而非人力所形成的系统。如天体系统、气象系统、海洋系统和神经系统等。

（2）人工系统：经过人的劳动而建立起来的系统。包括三种类型：一是由一定的制度、组织、程序和手续等所构成的管理系统；二是由人们从加工自然物获得的人造物质系统，如建筑物等；三是人造概念系统，即由主观概念和逻辑关系等非物质组成的系统，如伦理道德系统等。

（3）复合系统：自然系统和人工系统相结合的系统，如农业系统、环境系统和水利工程等。

三、系统的特性

从各种各样的具体的系统中可以抽象出来系统的共性，这就是系统的特性。

1. 目的性

任何系统无不具有目的性，无论是自然系统还是人工系统，自然系统的目的性反映系统内在的客观必然性，人工系统的目的性体现人们对客观规律的认识和运用。

正因为系统具有目的性，使我们在开发一个新系统时，首先要确定系统的目标。而这个目标必须是明确的、切合实际的。

2. 相关性

相关性也称关联性，即一个系统中各要素间存在着密切的联系，这种联系决定了整个系统的机制。系统的组成要素是相互依赖而又相互制约的。

3. 层次性

系统可分为一系列的子系统，而各个子系统又可以分解为更低一层的子系统。这样，一个复杂的系统可以分为几个层次。系统的层次性提供了将子系统分离出来进行单独研究的可能性。

4. 整体性

由于系统是一个有机的整体，所以，整体性就是它的一个特性。我们在评价一个系统时，应从整体系统出发，从总目标、总要求出发。在开发系统时，也必须树立全局的观点。

四、 系统性能优劣的判断标准

1. 目标明确

作为诸多相关联要素形成的一个有机整体的系统，必须能够产生一个特定的整体功能，要能够解决特定的问题。

2. 结构合理

系统的不同层次或不同模块之间应该保持一定的独立性，模块内部要保持内容的关联性，以便于操作人员在使用中能够方便地理解应用。

3. 接口清楚

不同模块之间、相同模块的不同环节之间要有明确的输入输出内容，要各自能够产生一个相应的功能。

4. 能观能控

能观性反映由能直接测量的输入输出的量测值来确定反映系统内部动态特性的状态的可能性。能控性指的是控制作用对被控系统的状态和输出进行控制的可能性。一般说来，系统只要是稳定的，相应的输入输出就是能够加以控制的，相应的观测值也是能够看得到的。

五、　系统建模

系统建模（System Modeling）是建立和构造逻辑系统（符号系统）来描述真实系统。

一般而言，模型有四种类型：符号（文字、话语等）模型、物理模型（可触及的）、图形模型和数学模型。

管理信息系统从系统建模的角度看，可以认为就是利用符号模型、物理模型、图形模型和数学模型来构建一个组织的计算机信息系统，这套系统可以帮助企业进行管理活动，从而更好地实现企业的目标。系统建模的合理性是管理信息系统建设成功的重要保证。

第三节　信息系统

一、　定　义

信息系统是一组相互关联、相互作用和相互配合的部件，是一个为完成数据的收集、处理、存储和提供完成特定任务所需信息的部件构成的整体。

基于计算机的信息系统（Computer-Based Information System，CBIS）由硬件、软件、数据库通信系统和人组成，该系统可以完成数据收集、加工、存储的任务，可以将数据转变为有用的信息。现今的信息系统都计算机化了，基于计算机的信息系统大大提高了信息系统的效率和精度。

从企业的经营管理角度来看，信息系统是组织和管理针对环境带来的挑战而作出的基于信息技术的解决问题的方案。

按照信息系统的技术定义，人们可将信息系统看成软件或信息系统中能被计算机化的部分。与此相反，按照信息系统的经营管理的定义，人们可将信息系统看成一个组织过程，或是一个由人或机器参与的使用信息、技术和其他资源完成一个业务过程，来为内部或外部的顾客提供产品或服务的"工作系统（Work System）"。

以信息现象和信息过程为主导特征的系统称为信息系统。它们通常都是高级运动形式下的复杂系统，如各种生物信息系统、社会信息系统和人工信息系统等。

从技术上定义，信息系统是一组由收集、处理、存储和传播信息组成的相互关联的部件，用以在组织中支持决策和控制；同时还可以帮助管理者和工作人员分析问题、解决复杂问题和创造新产品。

信息系统包含与之相关的人、场地、组织内部事物或环境方面的信息。信息系统输入的是数据，经过加工处理后，输出各种有用的信息。

二、组　成

信息系统用以实现对决策、控制、操作、分析问题和创造新产品及其服务所需信息的收集与加工；它对信息的组织活动分别是输入、处理和输出。

信息系统的一般组成如下。

（1）信息系统的输入（Input）：捕获或收集来自企业内部或外部环境的原始数据。

（2）信息系统的处理（Process）：将原始输入的数据转换成更有意义的形式。

（3）信息系统的输出（Output）：将经过处理的信息传递给人或用于生产活动中。

（4）信息系统的反馈（Feedback）：将输出信息返送给组织的有关人员，以便帮助他们评价或校正输入。

思考题

1.1　什么是信息？信息的特征有哪些？

1.2　什么是系统？

1.3　系统性能优劣的判定标准有哪些？

1.4　什么是信息系统？

1.5　信息系统的组成部分有哪些？

第二章　管理信息系统概论

第一节　管理信息系统的功能、特点与分类

一、　管理信息系统的概念

管理信息系统（Management Information Systems，MIS），是一个由人、计算机等组成的能进行信息的收集、传递、储存、加工、维护和使用的系统。管理信息系统能实测企业的各种运行情况；利用过去的数据预测未来；从企业全局出发辅助企业进行决策；利用信息控制企业的行为；帮助企业实现其规划目标。

本课程讨论的管理信息系统可以定义为一个以人为主导，利用计算机硬件、软件、网络通信设备和其他办公设备，进行信息的收集、传输、加工、存储、更新和维护，以提高企业战略竞争优势、效益和效率为目的，支持企业高层决策、中层控制、基层运作的集成化人机系统。

二、　管理信息系统的学科体系基础

管理信息系统是一门综合管理科学、信息科学、系统科学、行为科学、计算机科学和通信技术的新兴学科。是一门多学科融合和交叉的学科体系。

但对管理信息系统影响最大的学科还是系统科学、数学和计算机科学，可以认为，管理信息系统学科的三要素是系统的观点、数学的方法和计算机的应用。

三、 管理信息系统的功能和特点

1. 管理信息系统的功能

（1）数据处理功能；

（2）预测功能；

（3）计划控制功能；

（4）决策优化功能。

2. 管理信息系统的特点

（1）面向管理决策；

（2）综合性；

（3）人-机系统；

（4）现代管理方法和管理手段的结合；

（5）多学科交叉的边缘学科。

四、 管理信息系统的分类

管理信息系统是一个广泛的概念，从不同的角度有不同的分类方法。从系统的功能和应用上，可以分为如下几类。

1. 国家经济信息系统

国家经济信息系统是一个包含各个综合统计部门（如国家发展计划委员会、国家安全生产委员会和国家统计局）在内的国家级信息系统。这个系统能纵向联合各个省市、地市、各县甚至各个重点企业的经济信息系统，横向联系外贸、能源、交通等各个行业信息系统，形成一个纵横交错、覆盖全国的综合经济信息系统。

2. 企业管理信息系统

企业管理信息系统面向工厂、企业，主要进行管理信息的加工处理，这是一类最复杂的管理信息系统。企业复杂的管理活动给管理信息系统提供了典型的应用环境和广阔的应用舞台，大型企业的管理信息系统都很大，"人、财、物""产、供、销"和质量、技术应有尽有，同时技术要求也很复杂，因而常被作为典型的管理信息系统进行研究，从而有力地促进了管理信息系统的发展。

企业管理信息系统是包括整个企业生产经营和管理活动的一个复杂系统，该系统通常包括生产管理、财务会计、物资供应、销售管理、劳动工资和人事管理等子系统，它们分别具有管理生产、财务会计、供应物资、销售产品和工资人事等工作职能。

3. 事务型管理信息系统

事务型管理信息系统面向企事业单位，主要进行日常事务处理，如医院管理信息系统、饭店管理信息系统和学校管理信息系统等。由于不同应用单位处理的事务不同，这些管理信息系统的逻辑模型也不尽相同，但基本的处理对象都是管理事务信息，决策工作相对较小，因而要求系统具有很高的实时性和数据处理能力，较少使用数学模型。

4. 行政机关办公型管理信息系统

国家各级行政机关办公管理信息系统，对提高领导机关的办公质量和效率、改进服务水平，具有重要意义。办公管理信息系统的特点是办公自动化和无纸化，其特点与其他各类信息管理系统有很大的不同。

5. 专业型管理信息系统

专业型管理信息系统是指从事特定行业或领域的管理信息系统，如人口管理信息系统、材料管理信息系统、科技人才管理信息系统和房地产管理信息系统等。这类信息系统的专业性很强，信息相对专业，主要功能是收集、存储、加工和预测等，技术相对简单，规模一般较大。

第二节 管理信息系统的结构

管理信息系统的结构是指管理信息系统各个组成部分之间关系的总和。对于管理信息系统的结构问题，目前尚未形成统一的模式。原因是其侧重点不同，有的侧重于物理结构，有的侧重于逻辑结构，有的则侧重于功能结构。

一、 管理信息系统的基本结构

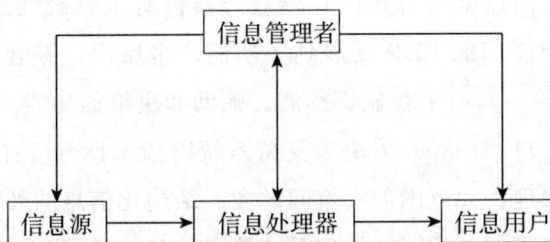

图 2-1 管理信息系统的基本结构图示

二、 基干流程的系统结构

按照流程，可以将管理信息系统划分为上游供应链管理信息系统、中游生产制造信息系统和下游客户关系管理信息系统。

三、 基干组织职能的系统结构

按照组织职能，可以将管理信息系统划分为财务信息系统、人事信息系统、物流信息系统、营销信息系统、生产信息系统和采购信息系统等。

四、 基干层次的系统结构

按照层次，可以将信息系统划分为高层信息系统、中层信息系统和基层信息系统。

第三节 国内外发展现状

一、 国外现状

计算机的发明应用被视为人类的第三次重大的科学技术革命，是一次飞跃。过去的革命最高成就是"用机器制造机器"，是手的延长；而计算机的出现却能做到"用机器控制机器"，是脑的延伸。计算机是提高生产效率的主要工具及途径，在西方国家，计算机系统的发展有以下四个阶段。

第一阶段（1953—1960）为电子数据处理阶段（EDP）。此阶段以单项数据处理为主，如财务管理、物资管理和工资管理等。

第二阶段（1961—1970）为管理信息系统阶段（MIS）。在这期间，随着高速度的处理机、高速度大容量的存储器与器件有了突破性进展，使得计算机应用系统从单项应用的 EDP 发展到多功能、多层次、综合性的应用阶段，使得 MIS 日渐成熟，具有了控制、预测、辅助和决策的功能。

第三阶段（1971—1980）为决策支持系统阶段（DSS）。在此阶段解决的主要是面向高层管理、大范围的决策问题和非结构化信息的处理。

第四阶段（1981—）为智能管理系统阶段（IMS），这个阶段强调的是综合管理功能，多维服务模式，人机协调的、智能化的、集成化的计算机辅助管理功能等。

据统计,目前,美国在财务会计上占有90％以上的工作由计算机完成;物资管理中80％～100％的信息处理由计算机完成;计划管理是90％左右。在计算机应用发展较快的国家,计算机应用于经济管理的占80％以上,用于科技计算的占8％以上,用于生产过程控制的占12％以上。由此可以看出,经济管理是计算机应用的主要领域。

二、 国内现状

由于种种原因,我国的信息资源建设水平远远落后于信息基础设施建设的水平。长期以来,我国信息资源的开发管理未能与信息资源的增长同步进行。我国有丰富的原始信息资源,但在此基础上再生的二次信息系统和数据库产业的规模与市场占有率、使用率相当低,大量有价值的信息未能进一步加工成商品使其增值。我国的计算机应用要比西方国家落后十几年,管理信息系统的开发应用是从1973年开始的,1983年以后才开始了大量的实际的开发和研究工作。因此,信息资源的开发和利用已被确立为国民经济信息的核心内容,信息数字化、传输的网络化是缩小发展中国家与发达国家差距的捷径,在世界信息化浪潮正以不可阻挡之势席卷全球时,我国要迎头赶上,就必须利用现有的信息基础设施,重点开发和推广应用于各类科技、经济等数据库和网络资源服务的系统,以便取得巨大的社会效益和经济效益。

现在中国企业已进入"新管理时代"。经过30多年的改革开放,中国企业发展的宏观环境和管理模式都发生了根本性的改变。企业管理在经历了计划经济时期的"生产管理"时代、计划经济与市场经济相结合时期的"混合管理"时代后,从90年代末进入全面市场经济时期的"新管理"时代。新管理时代的中国企业管理是面向市场、基于现代企业制度,是中国模式价值化、系统化、电脑化、国际化和普遍化管理的时代。新管理时代的中国企业管理以建立竞争优势、提高企业竞争力为核心。要提高企业的竞争力,就必须整合企业经营,全面强化企业管理,形成企业持久发展的"内功"。越来越多的质优企业舍得在管理系统上投资的举动,足以说明这一趋势。

在市场竞争日益激烈、用户需求不断趋向多样化、企业间关联程度越来越密切的今天,要求企业行动必须快捷、灵敏,在管理的思想观念、方式方法上不断创新。人力已经很难完全达到要求，必须借助当代信息科技的最新成果，优化和加强企业的运营与管理。

管理信息系统的应用是一种趋势，必将在不久的将来发挥出巨大的作用，推动生产力的继续发展！

实训项目　SPSS 软件操作练习

教学目标：使学生掌握 SPSS 软件的基本功能，设置案例操作练习 SPSS 软件。

一、SPSS 软件简介

（一）SPSS 软件含义

SPSS 是软件英文名称的首字母缩写，原意为 Statistical Package for the Social Sciences，即"社会科学统计软件包"。但是随着 SPSS 产品服务领域的扩大和服务深度的增加，SPSS 公司已于 2000 年正式将英文全称更改为 Statistical Product and Service Solutions，意为"统计产品与服务解决方案"，标志着 SPSS 的战略方向正在做出重大调整。

（二）基本功能模块介绍

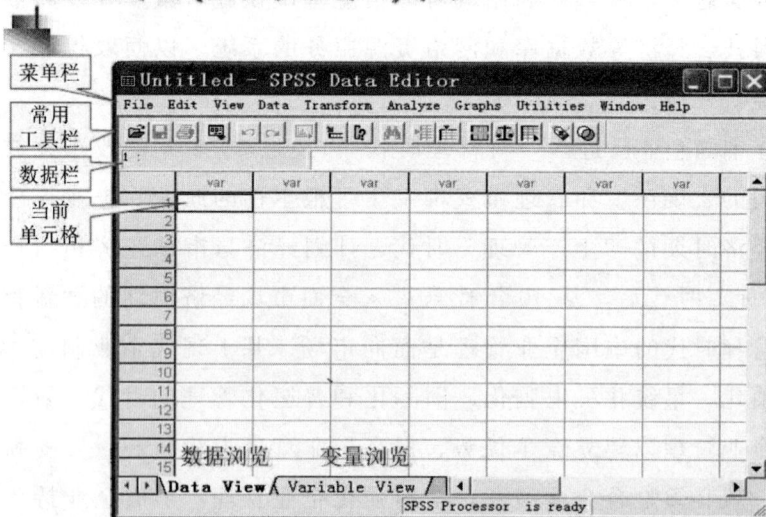

图 2-2　SPSS 主界面图示

SPSS主界面(数据管理窗口)介绍

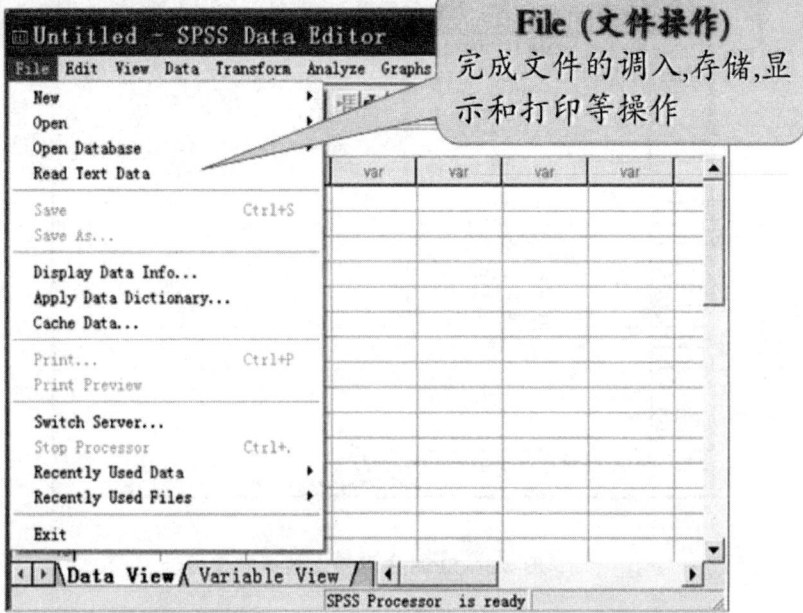

File (文件操作)
完成文件的调入,存储,显示和打印等操作

图 2-3　SPSS 主界面之文件操作图示

SPSS主界面(数据管理窗口)介绍

Edit(文件编辑)
完成文本或数据内容的选择、拷贝、粘贴、寻找和替换等操作

图 2-4　SPSS 主界面之文件编辑图示

17

课堂笔记

SPSS主界面(数据管理窗口)介绍

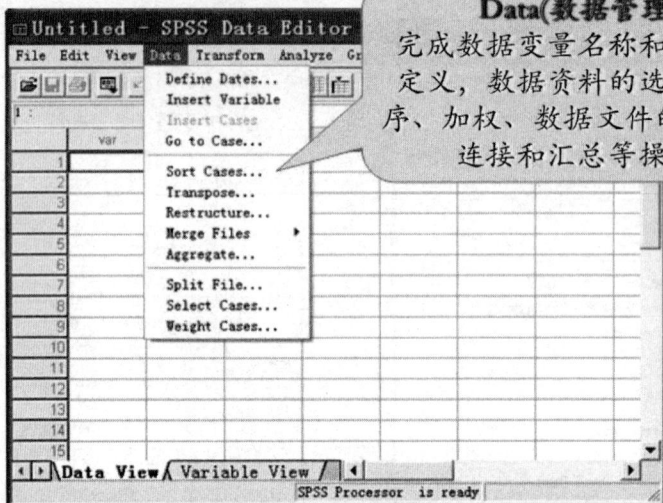

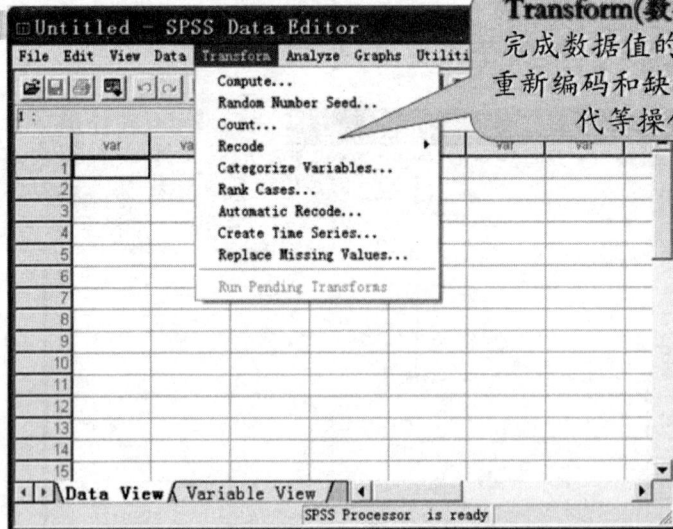

Data(数据管理)
完成数据变量名称和格式的定义，数据资料的选择、排序、加权、数据文件的转换、连接和汇总等操作

图 2-5　SPSS 主界面之数据管理图示

SPSS主界面(数据管理窗口)介绍

Transform(数据转换)
完成数据值的计算、重新编码和缺失值　替代等操作

图 2-6　SPSS 主界面之数据转换图示

SPSS主界面(数据管理窗口)介绍

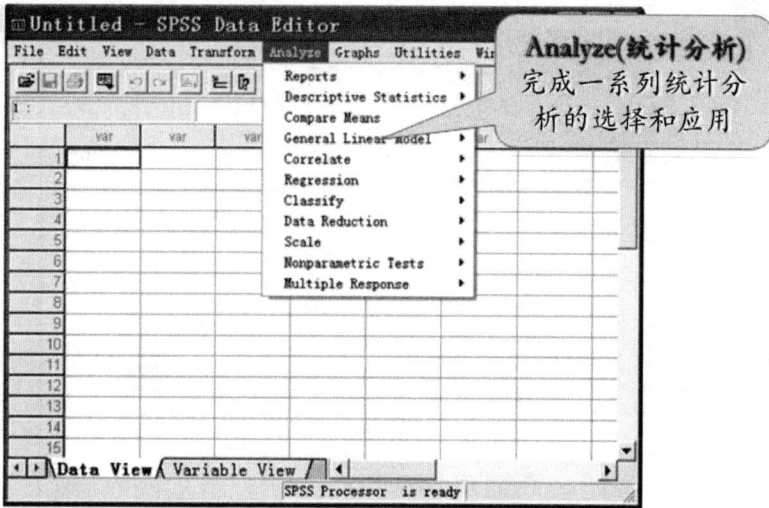

图 2-7　SPSS 主界面之统计分析图示

SPSS主界面(数据管理窗口)介绍

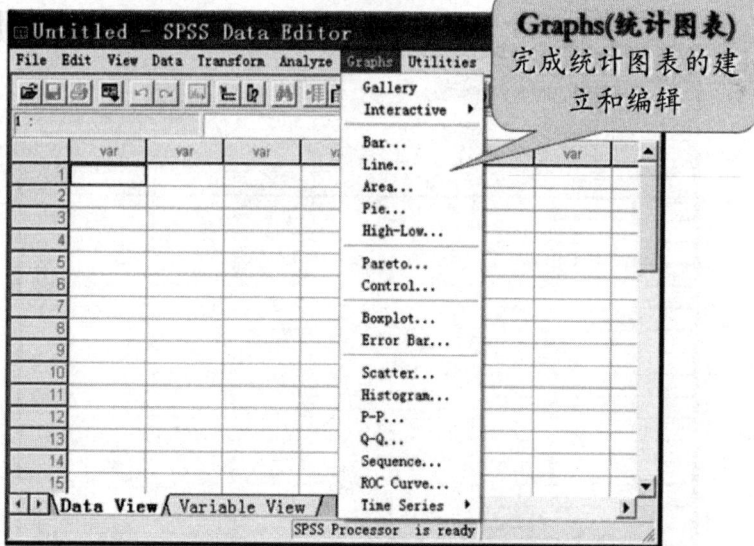

图 2-8　SPSS 主界面之统计图表图示

SPSS主界面(数据管理窗口)介绍

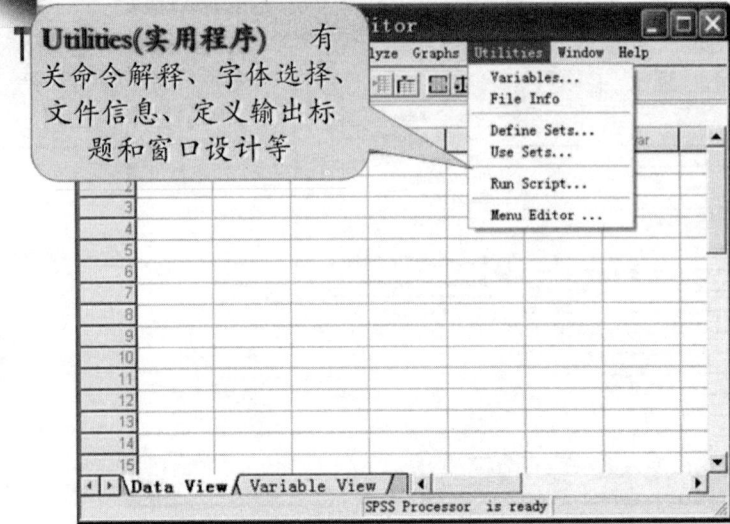

Utilities(实用程序) 有关命令解释、字体选择、文件信息、定义输出标题和窗口设计等

图 2-9　SPSS 主界面之实用程序图示

SPSS主界面(数据管理窗口)介绍

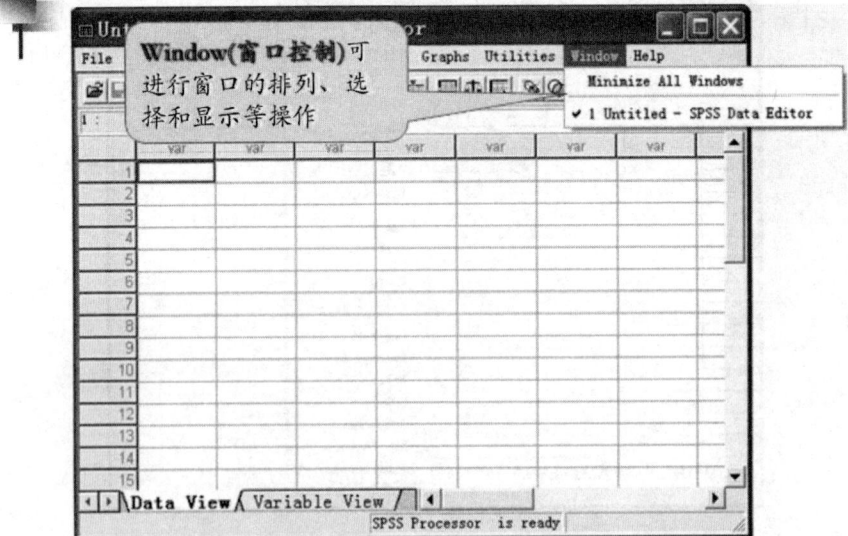

Window(窗口控制)可进行窗口的排列、选择和显示等操作

图 2-10　SPSS 主界面之窗口控制图示

SPSS主界面(数据管理窗口)介绍

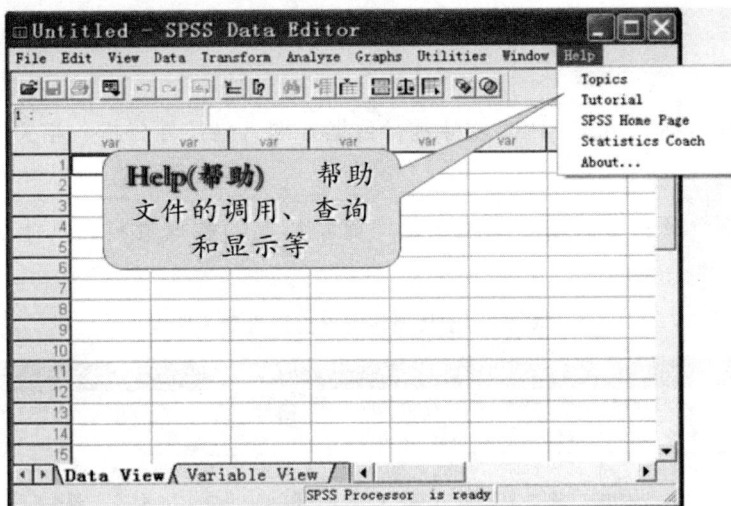

图 2-11 SPSS 主界面之帮助窗口图示

（三）进行统计分析的基本操作步骤

• 将数据输入 SPSS（定义变量、录入数据等），并存盘；

• 进行必要的预分析（进行分布图、均数、标准差的描述等），以确定应采用的统计分析方法；

• 按分析目的的选用统计程序，执行统计分析过程；

• 保存和导出分析结果。

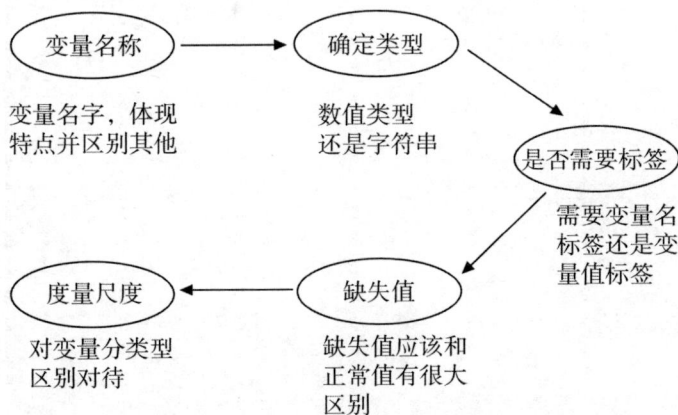

图 2-12 SPSS 数据结构描述过程图示

二、SPSS 软件安装、调试

实训项目

教学目标：运用 SPSS 软件进行数据处理（描述性分析、相关性分析、回归分析）。

案例介绍：下面是一个关于土地流转情况的数据资料，具体变量及数据见下表 2-1 与表 2-2。

表 2-1　土地流转情况变量设置一览表

	Name	Type	Width	Decimals	Label	Values	Missing	Columns	Align	Measure
1	sex	Numeric	8	0	性别	{1, 男}...	None	8	Right	Scale
2	age	Numeric	8	0	年龄	{0, 19及以...	None	8	Right	Scale
3	education	Numeric	8	0	文化	{1, 小学以下...	None	8	Right	Scale
4	income	Numeric	8	0	收入	{1, 0-5000元...	None	8	Right	Scale
5	salary	Numeric	8	0	月收入	{1, 500以下...	None	8	Right	Scale
6	wish	Numeric	8	0	意愿	{1, 非常愿意...	None	8	Right	Scale
7	influence	Numeric	8	0	个人意见对政府...	{1, 影响很大...	None	8	Right	Scale

表 2-2　土地流转情况变量数据设置一览表（部分）

	sex	age	education	income	salary	wish	influence
1	1	5	2	1	2	3	2
2	1	1	6	.	.	4	3
3	1	2	3	2	2	1	4
4	1	3	3	4	5	4	2
5	1	1	6	.	.	4	3
6	1	1	6	3	4	2	2
7	1	2	6	.	2	3	4
8	1	3	3	.	.	4	3
9	1	1	5	.	5	4	2
10	1	1	5	4	2	4	3
11	2	3	3	5	5	3	4
12	1	4	2	.	.	2	2
13	2	3	3	2	5	4	3
14	1	3	3	2	5	4	3
15	1	1	6	3	2	3	2
16	1	3	3	2	2	4	2

请根据上述资料，操作 SPSS 软件并完成下列题目：

（1）作表表示月收入的频率统计

表 1 月收入的频率统计表

项目	频率	百分比	有效百分比	累计百分比

（2）对 wish（土地流转意愿）、sex（性别）、age（年龄）、education（文化）、income（收入）、influence（个人意见对政府政策影响）的相关性进行分析，作相关性系数统计表表示这些变量之间的相关性程度。

表 2 相关性系数统计表

项目 ／ 相关性系数	性别	年龄	文化	收入	土地流转意愿	个人意见对政府政策影响

（3）从上表中选择影响 wish（土地流转意愿）明显的因素，以 wish（土地流转意愿）为因变量，其他影响明显的因素为自变量作回归分析，写出方程并解释含义。

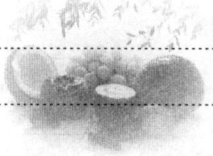

表 3　土地流转意愿回归分析系数表

项 目	B	Std. Error	Beta	t	Sig.

Dependent Variable：土地流转意愿

实训项目

教学目标：运用 SPSS 软件进行数据处理（相关性分析、回归分析）。

下表 2-3 中罗列了从 1995 年至 2009 年间安徽省旅游收入、接待旅游总人数、旅行社总数、星级宾馆总数、旅游业从业人数等资料。请用 SPSS（Statistical Product and Service Solutions）软件进行如下操作：

（1）设置变量，并输入相应数据。

（2）分析以上各个变量之间的相关性。

（3）以旅游收入为因变量，其他几个变量为自变量进行回归分析，建立回归方程并说明该回归方程的意义。

表 2-3　安徽省旅游收入、接待旅游总人数、旅行社总数、

星级宾馆总数、旅游业从业人数等数据资料

年份	旅游收入/亿元	接待旅游总人数/万人次	旅行社总数/家	星级宾馆总数/家	旅游业从业人数/人
1995	11.93	1796.69	142	118	28547
1996	73.14	1969.89	157	127	31319
1997	98.56	2174.34	157	168	36939
1998	118.63	2395.67	159	183	40766
1999	141.6	2691.56	200	198	44956
2000	159.52	3005.84	332	241	50881

年份	旅游收入 /亿元	接待旅游总人数 /万人次	旅行社 总数/家	星级宾馆 总数/家	旅游业从业 人数/人
2001	185.77	3402.1	374	255	52551
2002	215.74	3929.9	421	272	53017
2003	196.11	3366.08	491	298	53621
2004	265.16	4379.1	552	353	58815
2005	308.61	4747.29	599	327	48013
2006	411.5	6239.37	662	345	82572
2007	575.99	7955.43	693	391	75475
2008	690	10070.1	791	451	50231
2009	908.9	12424.16	890	451	51898

课堂笔记

通过上述操作练习，可以深切体会到管理信息系统的功能，感知管理信息系统给人们生活、工作带来的各种便利。

知识小贴士：数据从哪里来？

数据可以通过各部门的统计年鉴、统计公报等专业数据网页获取；也可以在中国知网数据库中查询下载使用（一般需要安装 CAJ 或 PDF 软件才能浏览使用）。

思考题

2.1　管理信息系统的含义是什么？

2.2　管理信息系统的功能有哪些？

2.3　管理信息系统按照结构划分有哪些？

中篇　系统开发与实训篇

第三章　信息系统战略规划

第一节　战略管理概述

一、　战略管理的含义

"战略"一词的希腊语意思是"将军指挥军队的艺术",原是一个军事术语。20世纪60年代,战略思想开始运用于商业领域,并与达尔文"物竞天择"的生物进化思想共同成为战略管理学科的两大思想源流。

1. 战　略

从企业未来发展的角度来看,战略表现为一种计划(Plan);从企业过去发展历程的角度来看,战略则表现为一种模式(Pattern);从产业层次来看,战略表现为一种定位(Position);从企业层次来看,战略则表现为一种观念(Perspective)。此外,战略也表现为企业在竞争中采用的一种计谋(Ploy)。这是关于企业战略比较全面的看法,即著名的5P模型。

2. 战略管理

战略管理(Strategy Management)是指企业确定其使命,根据组织外部环境和内部条件设定企业的战略目标,为保证目标的正确落实和实现进行谋划,并依靠企业内部能力将这种谋划和决策付诸实施,以及在实施过程中进行控制的一个动态管理过程。

二、　战略管理的特点

1. 战略管理具有全局性

企业的战略管理是以企业的全局为对象、根据企业总体发展的需要而制定的。它所管理的是企业的总体活动,所追求的是企业的总体效果。虽然这种管理也包括企业的局部活动，但这些局部活动是作为总体活动的有机组成在战略管理中出现的。

具体地说，战略管理不是强调企业某一事业部门或某一职能部门的重要性，而是通过制定企业的使命、目标和战略来协调企业各部门自身的表现。这样也就使战略管理具有综合性和系统性的特点。

2. 战略管理的主体——企业的高层管理人员

由于战略决策涉及一个企业活动的各个方面，虽然它也需要企业上下层管理者和全体员工的参与及支持，但企业的最高层管理人员介入战略决策是非常重要的。这不仅是由于他们能够统观企业全局，了解企业的全面情况，而且更重要的是他们具有对战略实施所需资源进行分配的权力。

3. 战略管理涉及企业大量资源的配置问题

企业的资源包括人力资源、实体财产和资金，或者在企业内部进行调整，或者从企业外部来筹集。在任何一种情况下，战略决策都需要在相当长的一段时间内致力于一系列的活动，而实施这些活动需要大量的资源作为保证。因此，这就需要为保证战略目标的实现，对企业的资源进行统筹规划、合理配置。

4. 战略管理从时间上来说具有长远性

战略管理中的战略决策是对企业未来较长时期（5 年以上）内，就企业如何生存和发展等进行统筹规划。虽然这种决策以企业外部环境和内部条件的当前情况为出发点，并且对企业当前的生产经营活动有指导、限制作用，但这一切是为了更长远的发展，是长期发展的起步。从这一点来说，战略管理也是面向未来的管理，战略决策要以经理人员所期望或预测将要发生的情况为基础。在迅速变化和竞争的环境中，企业要取得成功，必须对未来的变化采取预应性的态势，这就需要企业作出长期性的战略计划。

5. 战略管理需要考虑企业外部环境中的诸多因素

现今的企业都存在一个开放的系统中，它们影响着这些因素，但更通常地是受这些不能由企业自身控制的因素所影响。因此，在未来竞争的环境中，企业要使自己占据有利地位并取得竞争优势，就必须考虑与其相关的因素，这包括竞争者、顾客、资金供给者和政府等外部因素，以使企业的行为适应不断变化中的外部力量，企业能够继续生存下去。

三、 战略管理的作用

1. 重视对经营环境的研究

由于战略管理将企业的成长和发展纳入变化的环境之中，管理工作要以未来的环境变化趋势作为决策的基础，这就使企业管理者们重视对经营环境的研究，正确地确定公司的发展方向，选择合适公司的经营领域或产品-市场领域，从而能更好地把握外部环境所提供的机会，增强企业经营活动对外部环境的适应性，从而使二者达成最佳的结合。

2. 重视战略的实施

由于战略管理不只是停留在战略分析及战略制定上，而是将战略的实施作为其管理的一部分，这就使企业的战略在日常生产经营活动中，根据环境的变化，不断地评价和修改战略，使企业战略得到不断完善，也使战略管理本身得到不断完善。这种循环往复的过程，更加突出了战略在管理实践中的指导作用。

3. 日常的经营与计划控制，近期目标与长远目标结合在一起

由于战略管理把规划出的战略付诸实施，而战略的实施又同日常的经营计划控制结合在一起，这就把近期目标（或作业性目标）与长远目标（战略性目标）结合起来，把总体战略目标同局部的战术目标统一起来，从而可以调动各级管理人员参与战略管理的积极性，利于充分利用企业的各种资源并提高协同效果。

4. 重视战略的评价与更新

由于战略管理不只是计划"我们正走向何处"，而且计划如何淘汰陈旧过时的东西，以"计划是否继续有效"为指导，重视战略的评价与更新，这就使企业管理者能不断地在新的起点上，对外界环境和企业战略进行连续性探索，增强创新意识。

四、 企业战略管理的四个阶段

1. 战略分析

主要目的是评价影响企业目前和今后发展的关键因素，并确定在战略选择步骤中的具体影响因素。

战略分析包括三个主要方面。

其一，确定企业的使命和目标。它们是企业战略制定和评估的依据。

企业使命的定义：指管理者为企业确定的较长时期的生产经营的总方向、总目的、总特征和总的指导思想。

从战略角度来讲，企业可以从三个方面界定自己的使命：

（1）顾客的需求，即企业将要满足顾客什么方面的需求；

（2）目标市场，即企业服务的对象是谁；

（3）满足顾客需求的方式，即企业采用什么样的方式满足顾客的需求。

在具体阐述企业使命时，需要注意四个方面：① 企业定位；② 企业的核心理念；③ 公众形象；④ 利益群体。

企业使命举例如下。

（1）晨鸣：依靠敏锐的思路、现代化的管理，充分发挥资源潜力，为社会两个文明建设作贡献，为振兴中华造纸业贡献更大的力量。

（2）华为：聚焦客户关注的挑战和压力，提供有竞争力的通信解决方案和服务，持续为客户创造最大价值。

（3）蒙牛：百年蒙牛，强乳兴农；提供绿色乳品，传播健康理念；为提升消费者的健康品质服务；为员工搭建人生价值的实现平台。

（4）通用电器：以科技及创新改善生活品质。

（5）索尼：体验发展技术造福大众的快乐。

其二，外部环境分析。战略分析要了解企业所处的环境（包括宏观、微观环境）正在发生哪些变化，这些变化将给企业带来更多的机会还是更多的威胁。

其三，内部条件分析。战略分析还要了解企业自身所处的相对地位，具有哪些资源及战略能力；还需要了解与企业有关的利益和相关者的利益期望，在战略制定、评价和实施过程中，这些利益相关者会有哪些反应，这些反应又会对组织行为产生怎样的影响和制约。

2. 战略选择

战略分析阶段明确了"企业目前状况"，战略选择阶段所要回答的问题是"企业走向何处"。

首先是制定战略选择方案。在制定战略过程中，当然是可供选择的方案越多越好。企业可以从对企业整体目标的保障、对中下层管理人员积极性的发挥和企业各部门战略方案的协调等多个角度考虑，选择自上而下的方法、自下而上的方法或上下结合的方法来制定战略方案。

其次是评估战略备选方案。评估备选方案通常使用两个标准：一是考虑选择的战略是否发挥了企业的优势、克服劣势，是否利用了机会、将威胁削弱到最低程度；二是考虑选择的战略能否为企业利益相关者所接受。需要指出的是，实际上并不存在最佳的选择标准，管理层和利益相关团体的价值观和期望在很大程度上影响着战略的选择。

对战略的评估最终还要落实到战略收益、风险和可行性分析的财务指标上。可以应用成本-收益分析、后悔值法、乐观准则、悲观准则、决策树和投资回收期等多种方法进行评估。

再次是选择战略，即最终的战略决策，确定准备实施的战略。

如果用多个指标对多个战略方案的评价产生不一致的结果，最终的战略选择可以考虑以下几种方法。

（1）根据企业目标选择战略。企业目标是企业使命的具体体现，因而选择对实现企业目标最有利的战略方案。

（2）聘请外部机构。聘请外部咨询专家进行战略选择工作，利用专家们广博和丰富的经验，能够提供较客观的看法。

（3）提交上级管理部门审批。对于中下层机构的战略方案，提交上级管理部门能够使最终选择方案更加符合企业整体战略目标。

最后是战略政策和计划。制定有关研究与开发、资本需求和人力资源方面的政策及计划。

3. 战略实施

战略实施就是将战略转化为行动。主要涉及的问题包括：如何在企业内部各部门和各层次间分配及使用现有的资源；为了实现企业目标，还需要获得哪些外部资源和如何使用；为了实现既定的战略目标，需要对组织结构作哪些调整；如何处理可能出现的利益再分配与企业文化的适应问题；如何进行企业文化管理，以保证企业战略的成功实施；等等。

4. 战略评价

战略评价就是通过评价企业的经营业绩，审视战略的科学性和有效性。

战略调整就是根据企业情况的发展变化，即参照实际的经营事实、变化的经营环境、新的思维和新的机会，及时对所制定的战略进行调整，以保证战略对企业经营管理指导的有效性。包括调整公司的战略展望、公司的长期发展方向、公司的目标体系、公司的战略和公司战略的执行等内容。

企业战略管理的实践表明，战略制定固然重要，战略实施同样重要。一个良好的战略仅是战略成功的前提，有效的企业战略实施才是企业战略目标顺利实现的保证。另一方面，如果企业没能完善地制定出合适的战略，但是在战略实施中，能够克服原有战略的不足之处，那也有可能最终获得战略的完善与成功。当然，如果对于一个不完善的战略选择，在实施中又不能将其扭转到正确的轨道上，就只有失败的结果。

第二节　信息系统规划

一、信息系统规划的含义

信息系统规划是将组织目标、支持组织目标所必需的信息、提供这些必需信息的信息系统，以及这些信息系统的实施等诸要素集成的信息系统方案，是面向组织中信息系统发展远景的系统开发计划。

信息系统的规划是系统生命周期中的第一个阶段，也是系统开发过程的第一步，其质量直接影响着系统开发的成败。

信息系统规划是信息系统实践中的主要问题，也是现在管理信息系统研究的主要课题之一。现代企业用于信息系统的投资越来越多，例如宝钢投资已多达亿元。信息系统的建设是一个投资巨大、历时很长的工程项目，若规划不好，不仅造成自身损失，由此引起企业运行不好的间接损失更为惊人，通常人们就有一种认识，假如一个操作错误可能损失几万元，那么一个设计错误就能损失几十万元，一个计划错误就能损失几百万元，而一个规划错误的损失则能达到千万元，甚至上亿元。所以，应克服那种"重硬、轻软"的片面性，把信息系统的规划摆到重要的战略位置上。

二、信息系统规划的原则

1. 目标明晰

在进行信息系统规划前，应该结合企业内外部的实际情况，站在企业发展的战略高度，制定出清晰准确的目标，将管理信息系统的目标纳入企业发展战略目标之列，进行优化和改造。企业信息化的实施将可能导致原有利益分配关系的打破，变职能导向为流程导向，人员的裁减、控制更趋于风险最低化等。只有目标制定了，才可以决定项目的范围大小，才可以决定项目成本预算和实施周期等。

2. 团队有力

企业信息化建设绝对不单纯是企业 IT 部门的事。它要求企业所有相关部门参与目标制定、规划建设和实施，所以，建立项目团队是必须的。应挑选各部门中经验丰富、思路清晰和富有改革创新意识的人员作为项目成员，赋予其决定权，将其在项目中的表现结合项目本身的质量纳入其绩效考核之中。

同时，应针对员工进行相关的、必要的思想教育和技能培训。企业信息化可能会导致人员精简、权力利益结构重建等的传言，而这无疑会影响员工的工作情绪。让全体员工了解项目实施对自己所造成的影响和可能需要的真实变化是很有必要的，最有效可行的方式是宣传、教育和培训，定期公布项目状态和可能带来的变化，在项目进行的各个阶段，为员工安排相应的培训（包括新的管理思想观念培训和必要的技能培训），聆听员工的心声，并通过对话等方式，消除他们不必要的疑虑和恐慌。

3. 高管参与

企业信息化建设是一场企业管理革命。对于有些部门、有些人（可能是企业高层或与高层密切相关）的利益再分配所招致的阻力可能不是项目团队所能够解决的，那么高层的介入和参与就非常重要了。直接对高层负责，领导项目团队，进行项目的建设和实施必要的变革。他们将项目的分段实施作为企业年度最重要的工作任务来抓。将项目进程和质量作为考核各部门领导的重要指标之一。

4. 方法科学

如何制定科学、有竞争力的项目目标，如何组建项目团队，如何对项目进行科学的规划、组织，执行和控制都涉及项目管理的思想方法是否科学，所以，引入科学的项目管理思想方法和具有成功的项目管理经验的人才也是非常重要的。这对于保证项目达到预期目标、降低项目成本和风险是非常必要的。

三、 管理信息系统战略规划涉及的内容

（1）确定信息系统的目标、约束及总体结构。

（2）组织（企业、部门）的状况。

（3）业务流程的现状、存在的问题和不足，以及流程在新技术条件下的重组。

（4）对影响规划的信息技术发展的预测。

四、 管理信息系统战略规划的过程

1. 成立规划领导小组

规划领导小组成员要包括高层领导、各部门主管、外部专家、信息专家和用户代表等，成员人数要根据规划任务的繁杂程度来确定。

2. 人员培训

依据规划导向与目标，对系统规划领导小组成员进行相应的培训，使全体参与人员统一思想、步调一致。

3. 规定进度

对规划任务进行合理分工，制定相应的工作进度安排，明确各自职责。

4. 制定战略规划的具体步骤

根据对环境等影响因素的分析，结合规划的进度安排，详细制定实施规划的具体步骤。

第三节　业务流程重组

一、 定　义

业务流程重组（Business Process Reengineering，BPR）理论是当今企业和管理学界研究的热点。BPR 理论是于 1990 年首先由美国著名企业管理大师迈克尔·哈默先生提出的，美国的一些大公司，如 IBM、科达、通用汽车、福特汽车等纷纷推行 BPR，试图利用它发展壮大自己，实践证明，这些大企业实施 BPR 以后，均取得了巨大的成功。

业务流程重组是指通过资源整合、资源优化，最大限度地满足企业和供应链管理体系高速发展需要的一种方法。其目的是在成本、质量、服务和速度等方面取得显著的改善，使得企业能最大限度地适应以顾客、竞争、变化为特征的现代经营环境。

二、 特　点

1. 根本性再思考

根本性再思考表明业务流程重组所关注的是企业的核心问题，如"为什么要做现在这项工作""为什么要采用这种方式来完成这项工作""为什么必须由我们而不是别人来做这份工作"等。通过对这些企业运营最根本性问题的思考，企业将会发现自己赖以生存或运营的商业假设是过时的，甚至是错误的。

2. 彻底性再设计

彻底性再设计表明业务流程重组应对事务进行追根溯源。对已经存在的事务不是进行肤浅的改变或调整性的修补完善，而是抛弃所有的陈规陋习，并且不需要考虑一切已规定好的结构与过程，创新完成工作的方法，重新构建企业业务流程，而不是改良、增强或调整。

3. 戏剧性提业绩

戏剧性表明业务流程重组追求的不是一般意义上的业绩提升或略有改善、稍有好转等，而是要使企业业绩有显著的增长、极大的飞跃和产生戏剧性的变化，这也是流程重组工作的特点和取得成功的标志。

三、 企业内部业务流程重组的步骤

业务流程重组能够为企业创造优化的业务流程，提升企业的核心竞争力，在业务流程重组过程中的工作重点，就是要消除价值传递链中的非增值活动和调整核心增值活动。这里要遵循的步骤如下。

1. 清　除

应该发现并消除非增值活动，如过量生产或过量供应，等待时间，运输、转移和移动，不增值或失控流程中的加工处理环节，库存与文档，缺陷、故障与返工，重复任务、信息格式重排或转移，调停、检验、监视和控制等。

2. 简　化

在尽可能清除了不必要的活动之后，应该对剩下的必要活动进行简化，如程序流程、沟通流程、技术分析流程和问题区域设置流程等。

3. 整　合

经过化简的任务需要进一步整合，以使之流畅、连贯并能够满足顾客需要。如为实现面向订单的单点接触的全程服务，由一名员工独立承担一系列的工作任务整合；为了高效优质地满足顾客需要，组建单个成员无法承担的系列任务的团队；整合顾客和供应商的资源等。

4. 自动化

在完成了流程与任务的清除、简化和整合的基础上，充分运用和发展信息技术的强大功能，实现以流程加速与提升顾客服务准确性为目标的自动化。

通常，重组之后的业务流程将呈现以下特点：组织扁平化，决策权下放或外移；审核与控制明显减少；取消装配线式的工作环节；同步工作代替了顺序工作方式；通才或专案员主导型的工作方式；管理者的工作职责转变为指导、帮助和支持。

四、作　用

业务流程重组强调以业务流程为改造对象和中心、以关心客户的需求和满意度为目标、对现有的业务流程进行根本的再思考和彻底的再设计，利用先进的制造技术、信息技术和现代化的管理手段，最大限度地实现技术上的功能集成和管理上的职能集成，以打破传统的科层制组织结构，建立全新的过程型组织结构，从而实现企业经营在成本、质量、服务和速度等方面的戏剧性改善。

企业业务流程重组的着力点一般集中在以下四个方面。

第一，建立面向客户的流程，强化和提升与客户满意有关的业务流程，剔除对客户无价值的流程，以更低的成本、更快的速度提交客户满意的产品和服务。

第二，通过规范的业务流程降低企业的经营风险。

第三，通过流程重组优化企业资源配置，降低成本。

第四，缩短工作完成时间，提高企业整体运作效率，提高市场响应速度。

五、主要方法

1. 成本导向的流程简化

这是一种最基本的流程简化方法，旨在通过对特定流程进行成本分析，来识别并减少那些诱使资源投入增加或成本上升的因素。

该方法适用于对产品的价格或成本影响较大的那些活动。操作前提是不能以损害那些必要的或关键的能够确保满足顾客需要的流程或活动为代价。

2. 时间导向的流程简化

这是一种在缩短产品生产周期方面应用得越来越广泛的流程简化方法。其特点是注重对整个流程各环节占用时间和各环节间的协同时间进行深入的量化分析。

下面是一个工期优化（节约时间）的案例。

案例介绍：用全自动洗衣机洗衣服要1小时，用电饭锅煮饭要30分钟，烧菜需要40分钟，吃饭需要20分钟，看报纸需要10分钟，如果是你，将如何安排?

图 3-1 串行工序安排下的作业顺序图示

在串行工序安排下,使用的总时间为 160 分钟。

若将此串行工序调整为下面情形:

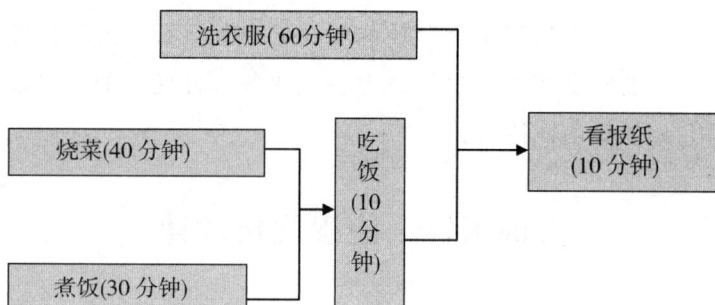

图 3-2 并行工序安排下的作业顺序图示

调整为并行工序的作业顺序,使用的总时间为 70 分钟。整整节约了 90 分钟。

3. 重组性的流程简化

这是一种立足长期流程能力大幅改进,而对整个业务流程进行根本性的再设计的方法。该方法强调在企业组织的现有业务流程绩效及其战略发展需要之间寻找差距与改进空间。实施要求组织自上而下,制定跨部门、跨企业的执行计划,相应的资源投入也是非常可观的。

六、 业务流程重组与信息化的关系

1. 信息化的实施必须以业务流程重组为基础

仅靠信息技术并不能提升非增值作业的价值,只会用电子方式去重复过去无效的流程,也难以形成信息一致性与共享机制。只有通过业务流程重组,将那些不产生增值的业务消除,确保企业各项业务有一个科学、规范的操作流程,才能借助信息化手段来提升企业的经营效率。

2. 业务流程重组的成果必须用信息化流程给予固化

20 世纪 90 年代兴起的业务流程重组曾经席卷西方工业界,然而,国外的业务流程重组项目大多没有达到预期的目标,甚至走向失败。原因有很多方面,其中一个重要的原因就是没有应用信息化管理技术。虽然实施业务流程重组可以理顺业务流程,但由于业务流程重组需要大量的信息交换,在缺少信息技术支持的情况下，业务流程重组的成果难以实现，即使实现了，也很难维持下去，最终必然会影响业务流程重组的效果，甚至导致业务流程重组项目的失败。

用一个形象的比喻来阐述业务流程重组和企业信息化的关系，就是将业务流程重组比作通畅的道路，将信息化比作性能优良的跑车。只有性能非常好的跑车而道路泥泞，只能望车兴叹；再好的道路对于老牛破车也无济于事。同样的道理，没有业务流程重组形成的顺畅的业务流程，再先进的信息化软件也无法提高企业的管理效率和经济效益；业务流程优化的结果没有信息化系统的支持，效果也不能持久。

实训项目 流程优化设计

一、实训目的和意义

流程优化不仅仅指做正确的事，还包括如何正确地做这些事。流程优化是一项策略，通过不断发展、完善、优化业务流程，能够保持企业的竞争优势。在流程的设计和实施过程中，要对流程进行不断的改进，以期取得最佳的效果。

对现有工作流程的梳理、完善和改进的过程，称为流程的优化。对流程的优化，不论是对流程整体的优化，还是对其中部分的改进，如减少环节、改变时序，都是以提高工作质量和工作效率、降低成本和劳动强度、节约能耗、保证安全生产、减少污染等为目的。

流程优化要围绕优化对象要达到的目标进行，在现有的基础上，提出改进后的实施方案，并对其作出评价；针对评价中发现的问题，再次进行改进，直至满意后，开始试行，正式实施。

本设计题旨在为广大学生提供一个实战的平台，使广大学生全方位地了解流程优化的理念、作用、产生的价值和流程优化的策略与方法。

二、具体要求

(1) 自行设计案例；

(2) 要有完整的策划方案；

(3) 体现实用价值。

三、活动流程

(1) 介绍设计规范；

(2) 进行设计，并指定教师进行指导改进；

（3）最终完成设计工作。

案例阅读

从宝供储运的成长看信息系统战略规划的作用

一、背景资料

宝供储运是广州的一家物流公司，其前身是广州的一个铁路货物转运站。刘武于 1992 年在承包这个铁路货物转运站时，该转运站的规模还很小。但由于刘武灵活经营，承包的货运任务大多能及时完成，运输的质量比较好，仓库也比较干净，而且还是当时广州唯一一家能够提供 24 小时货运仓储服务的企业。而当时的国有物流企业，仓储和运输是分开的，服务质量差，仓库又脏又乱，这种鲜明的对比，使刘武的货物转运站越来越受到客户的好评。以至于 1994 年进入中国市场的宝洁公司也将业务交给这家小小的铁路货物转运站去做。

自从宝洁公司成为刘武的客户以后，这家铁路货物转运站的业务环境就发生了巨大的变化，并直接促成 1994 年广州宝供储运有限公司（简称"宝供"，下同）的成立。

归纳起来，其业务环境的变化表现在三个方面。

1. 业务总量的增加

宝洁交给"宝供"的第一笔业务是将 4 个集装箱发运到上海。为了做好这笔业务，刘武运作得非常仔细。刘武将集装箱送上火车以后，又马上乘飞机去了上海，一方面"督战"，一方面还可以考察各个环节，拿到第一手资料，这样才能保证以后的发运可以少出现一些问题，满足客户的要求。结果，宝洁对第一批业务感到非常满意，并从此开始陆续为"宝供"增加业务量，甚至一度把自己所有的铁路货运业务全部交给了宝供储运。

然而，尽管第一笔业务效果很好，但由于成本很高，"宝供"并没有赚到什么钱。毫无疑问，如果每一笔业务都这样做，客户自然欢迎，但从经济效益的角度看却是不允许的。实际上，从 1994 年到 1995 年，"宝供"在全国已经有将近 30 万平方米的仓库，每天的发运量非常大，运营部的人每天都要花很大的力气了解这些货是不是按照客户的要求在规定时间之内发运出去，到达目的地的时间、破损率是不是在控制范围之内、有没有及时被送到仓库去、签收情况又是怎么样等。运营部的人拿一个硕大的笔记本，有单子就登记一下，对没有收到货的要及时打电话去询问；对于有破损的，要发个传真调查一下。其烦琐的程度，仅仅靠人工是很难完成的。因此，面对发展迅速的业务量，如何提高运行效率，是摆在"宝供"面前亟待解决的一个问题。

2. 设立了分公司

分公司也是 1994 年由于业务发展迅速才成立的，并直接与宝洁有关。因为铁路运输尽管很便宜，但当时的铁路运输也有不少缺点，如环节多、时间不可靠，再加上一些装卸、运输过程中的野蛮作业，所以破损率比较高。而宝洁则一再表示：传统的储运公司让客户觉得很麻烦，货到了以后，还要委托另外一个供应商来提货，或者派自己的人去提货，而且一旦出现短少、破损、或者提货不及时等问题时，往往就会造成互相扯皮的现象。面对这种情形，"宝供"立即在成都、北京、上海、广州设立了 4 个分公司，这 4 个分公司都按同样的操作方法、同样的模式与标准来运作。由"宝供"承运的货物到达目的地后，仍然由受过专门统一培训的"宝供"的人来接货、卸货、运货，为宝洁公司提供"一条龙"服务，而且从理论上看，总公司与分公司之间的信息沟通和协调应该比较方便。

然而，分公司建立以后，也面临一个问题——通讯问题，即总公司与 4 个分公司之间联系很频繁。用什么通讯方式才能保证业务的正常开展而且成本也很低？

"宝供"当时的做法是：1996 年建立了一套基于 DOS 平台的用电话线连接的内部网络，以便在全国范围内的分公司之间传递一些信息。但在实际运作过程中，这种通讯方式效率低、成本高。例如，总公司在与成都分公司通过计算机联系的时候，往往由于电话线路紧张而失败；另外操作复杂，稳定性差，长途电话成本高及与宝洁也没有"接口"等。因此，这又给"宝供"的未来发展提出了一个十分严峻的问题。

3. 兼顾客户的业务流程

自从宝洁成了"宝供"的客户以后，该公司就不断对"宝供"提出了很多新的要求，如前面提到的，要求"宝供"提供安全、准确、及时、可靠的储运服务等。宝洁不只要求"宝供"在业务上满足他们的要求，而且还对所有在物流各个环节产生的信息非常关注。比如货物什么时候发运，用的是哪趟火车，预计何时到货，货物情况如何，有无破损，是否已经签收等。

鉴于宝洁的上述方面的要求，"宝供"努力地按照宝洁的要求来设计业务流程和发展方向。但"宝供"原有的业务流程是建立在业务量较低的水平基础之上的，业务量骤增以后，立即面临着很多问题。对于宝洁所要求了解的发运时间、车次、到货时间、破损情况、签收与否等情况，如果只有一笔业务，刘武自己可以跟踪解决，如坐飞机到上海、成都、北京等地；但如果有好几百笔业务都在同时做，那么每一笔业务都这样跟踪，显然是不可行的。事实上，宝洁与"宝供"刚刚合作的一年左右时间内，宝洁一直都较满意，但随着业务量的加大，"宝供"的反应速度都在明显下降，如发现到货时间不准、破损率上升、货运信息不能及时反馈等，甚至进一步影响到企业本身的发展，因此宝洁中止了与"宝供"的铁路运输总代理的合同。所有上述这些情况，又向"宝供"的业务流程和信息传递提出了挑战。

二、问题解决

"宝供"将如何解决上述问题？如果从信息系统的角度来分析上述问题，我们会发现"宝供"当时面临的最为本质的问题是信息的管理，即如何解决信息瓶颈问题。因为在原来业务量小的情况下，事务处理过程可以由手工来完成，而现在业务量大，事务处理过程变得繁重而复杂，如果仍通过手工的方式（用笔记本记录、打电话、发传真查询催问），即使花很大的力气，也难以准确收集诸如发运时间、车次、预计到达时间、实际到达时间、破损率、入库时间和签收情况等有关信息。虽然"宝供"在成都、北京、上海、广州4处设立了分公司，可以保证按同样的模式和标准来运作业务流程，但对于信息管理而言，这样做实际上增加了中间层次，并随即面临了总公司与各分公司之间的通讯问题。不仅如此，现代客户（如宝洁）与传统客户相比，要求更高，不仅要求提供安全、准确、及时、可靠的储运服务，而且还要求提供及时、准确的货运信息。这样看来，宝供当时的"信息瓶颈"既表现为当时的信息管理水平和信息系统（IS）现状已不能实时监控各个储运环节，又表现为不能满足客户的需要。

正当"宝供"处于无法实时监控各个储运环节和"竞争激烈"这种内外交困的境地时，正当其为如何解决"信息瓶颈"问题一筹莫展时，Internet网的应用已为我国的有志之士所认同，而企业信息系统及Internet应用专家唐友三此时对于帮助解决这一"信息瓶颈"问题起了一个非常关键的推动作用。如果我们从内部业务现状、外部业务环境、内部IS现状和外部信息系统环境四个方面来分析"宝供"，不难发现下面这样一个业务与信息系统矩阵。

应该说，"宝供"当时的信息系统战略规划也并非完全一帆风顺。作为企业的一把手，刘武已经意识到"宝供"的信息瓶颈可以通过Internet网来解决，即通过网站发布货运信息，全国各地的分公司和客户都可以共享这些信息。甚至可以说没有网络，"宝供"很难再往下发展了。然而，"宝供"当时的实际情况是，已有一些 PC 机了，并组建了一个基于 DOS 平台的网络，而且当时资金有限。唐友三与刘武多次商量以后，一致认为，为了企业的长远发展，信息系统规划必须与企业目标相统一，必须跟上国际潮流，要建立一个高起点、高水平的企业信息系统，一个基于 Internet 网的信息系统。考虑到"宝供"的信息系统现状和业务现状，在硬件上能省就省，486 服务器先用着，386 服务器换成 586 兼容机，买一台新服务器，再将原来的 486 服务器升级一下，其他布线的活也由企业内部的职员来做，这样，硬件总共投入大约为 10 万元，软件部分也投入 10 万元，交由北京的英泰奈特公司来做。经过英泰奈特信息系统专家的查询访谈，整理出"宝供"的基本业务流程。

"客户发过来一个单子，也就是一套托运表，要填好货物品种、目的地、数量或重量等，然后"宝供"的分公司根据这张表，按照客户要求联系火车或者汽车，准备第二天发运。有车皮了，如果这个单子的货少，马上还要准备调配其他客户的货一起发运。第二天要有车拉到火车站去装，根据要求，还要加一些包装（如将怕漏水的加塑料布，怕磕碰的加用木架等）。装完以后，车皮的门要锁住，封条要封好，封条的号码还要记下来，通知接货的分公司。到达目的地后，分公司要到火车站去接收，把货拉到"宝供"当地的仓库里面去检验有没有损失，然后分类储存好，等待客户签收。客户签收后，再把单子马上快递回货物始发的分公司，分公司上报总公司，总公司就凭这个找客户拿钱。"

当然，在实际操作中，每笔货物都是不一样的，在这个标准流程中的任何一个环节有变化，都会衍生出一种新的流程。比如食品在仓储过程中有一个批号问题，考虑到保质期要"先进先出"，再比如有些货物在运输过程中必须分开，不能同批搭配运输，等等。

基于上述业务流程的分析，"宝供"建立了以 Internet 网络构架的 IS，把货物的运输系统分解为接单、发运、到站和签发等环节进行操作，整个系统由接单模块、发运模块、运输过程控制模块、运输系统管理模块、仓库管理模块和查询模块等构成。系统采用集中数据存储，各个分公司对于数据的"保有权"是有时效限制的。所有最终数据的维护均由公司的信息中心负责进行。

三、成本收益

如果要详细而具体地评述"宝供"信息系统战略规划的作用与影响，那将是十分困难的，不过我们通过对成本与收益的简要分析，就可以得出较有说服力的结论。

在成本方面，虽然"宝供"信息系统在早期的规划与开发上占了不少便宜，如硬件很节约、软件报价低等，但后来的投入渐渐加大了，超过了 200 万元，总部人手一台计算机，经理们有笔记本电脑。从企业财务的角度来看，这正是良性循环的必然结果。因为宝供储运的信息系统应用从基本的 Internet 构架到报表生成系统的开发，已经历了两个阶段。无论是从事务处理的计算机化还是从服务于管理决策的角度看，成本的投入都是值得的。这一点已从总经理对唐友三的信任上得到了证明。

在收益方面，信息系统战略规划给企业带来的好处很多。收益包括有形的收益和无形的收益两方面。有形的收益表现为成本的节约。例如，将信息系统建立在 Internet 或 Intranet 平台上，比原先的电话、传真方式所需的费用要低。虽然首期一次性投入（服务器、PC 机、布线等）可能也不少，但运行时具有的规模效应具有较大的优势。另外，"宝供"从当初 4 个分公司发展到 31 个城市都有分公司，客户也由原来专门为宝洁服务发展到后来的 45 个客户。从传统的角度看，业务量的增长，应有较多的人员去应付诸多管理上的事务。而实际上，借助先进的信息系统，"宝供"总公司业务部仅用 12 人就可以进行全盘监控了。这在以前简直是无法想象的。用刘武自己的话说："没有这个信息系统，'宝供'根本就做不大。现在我们在全国有那么多运营点，要对他们进行管理，我看不到又摸不着，只能依靠这套系统来监控。对提出的要求和标准，有没有达到？如果没有达到，具体是什么原因。我在电脑上一看，就知道这里已经出了什么事，可以赶紧采取补救措施。"

有形的收益不仅表现在成本的节约上，有时甚至能直接体现在业务指标的实现上。例如，以前从广州运到北京要 15 天，现在只需 10 天时间就可以了。在可靠性方面，原来能达到 90％就不错了，可现在铁路运输已经提高到了 95％，公路甚至可以达到 99％以上。

信息系统战略规划的作用与影响在很多情况下还表现为一种看不见、摸不着的东西。"宝供"新的信息系统刚开始运行的时候，曾遇到不少阻力，主要是一些老资格的管理人员，他们不懂计算机，不懂 Internet 网，更不懂计算机联网后会提高管理效率，因而产生了抵触情绪。通过倾听总经理对规划意图的讲解和参与计算机知识的培训，提高了企业所有员工的素质，而这实际上无形之中提高了企业的综合素质。

上述两方面的收益可以总结为以下 5 点：

（1）有效地组织跨地区的业务；

（2）充分利用资源（包括货品和信息两方面）；

（3）提高客户服务水平；

（4）加快资金周转，采用先进的结算系统比原来的平均提早两天时间；

（5）节约通信费用。

而在上述 5 个方面中，最为根本的应当是搞好客户服务。从这个角度看，对于物流企业而言，信息系统比车队和仓库更为重要。国外许多著名的物流公司本身并没有车队和仓库，但它每年的承运量都可以达到惊人的数字。而许多有着强大运输能力的国内运输公司或拥有大片的空余仓库位置的储运公司，由于没有一套能够让客户满意的信息系统而失去与客户合作的机会，只能沦为那些有信息系统但没有储运能力的物流公司的廉价运输和仓储工具。因此，建立和开发以客户服务为宗旨的信息系统可以为企业提供长期的具有战略意义的竞争优势。

海尔现代物流（业务流程再造）

海尔现代物流在经历了企业五年的业务流程再造后，已着眼于在国际化开放的系统中，为全球客户提供增值服务，并以骄人的成绩被授予首家"中国物流示范基地"的美誉。海尔现代物流的发展先后经历了物流重组、供应链管理和物流产业化三个阶段，下面分别就这三个阶段进行介绍。

（一）物流重组阶段

在物流重组阶段，海尔整合了集团内分散在 28 个产品事业部的采购、原材料仓储配送、成品仓储配送的职能，并率先提出了三个 JIT（Just In Time）的管理，即 JIT 采购、JIT 原材料配送、JIT 成品分拨物流。

1.JIT 采购

海尔物流整合的第一步就是整合采购，将集团的采购活动全部集中，在全球范围内采购质优价廉的零部件。海尔通过整合采购，加强采购管理，全球集合竞价，使成本每年环比降低了 6%。

2.JIT 原材料配送

海尔实施"物流革命"的核心是"围绕定单进行仓库革命"，即一切以定单为核心，没有定单的生产就是为库存而生产，也就是为亏损而生产。所以海尔物流建立了两个国际化物流中心，革了传统仓库的命，减少了 20 万平方米的平面仓库。海尔不断推进看板拉动料件配送，着手建立快速响应定单的生产组织系统。

3.JIT 成品分拨物流

在采购整合后，海尔整合全球配送网络，将产品实时按要求配送到用户

课堂笔记

手中，并逐步通过与国家邮政局、中运集团等专业物流公司联手，来建立全国最大的分拨物流体系。三个JIT的速度使海尔物流在瞬息万变的市场上，赢得了基于速度的竞争优势。

（二）供应链管理阶段

在供应链管理阶段，海尔物流创新性地提出了"一流三网"的管理模式。海尔特色物流管理的"一流三网"充分体现了现代物流的特征："一流"是以定单信息流为中心；"三网"分别是全球供应链网络、全球配送资源网络和计算机信息网络。"三网"同步流动，为定单信息流的增值提供支持。

在海尔，仓库不再是储存物资的"水库"，而是一条流动的"河"，河中流动的是按照定单采购来生产的必需的物资，这样，从根本上消除了呆滞物资、消灭了库存。

目前，海尔集团每个月平均接到6万多个销售定单，这些定单的定制产品品种达7000多个，需要采购的物料品种达26万余种。在这种复杂的情况下，自从海尔物流整合以来，呆滞物资降低了90%，仓库面积减少了88%，库存资金减少了63%。海尔建立了两个国际化物流中心，改存储物资的仓库为过站式配送中心，从最基本的物流容器单元化、标准化、集装化、通用化到物料搬运机械化，逐步深入日清管理系统的全面改革，看板拉动式管理实现了柔性生产，每条生产线每天可以生产几十个国家上百种规格的产品，实现了JIT过站式物流。

海尔通过整合内部资源，优化外部资源，建立起强大的全球供应链网络，供应商由原来的2200多家优化至721家，而目前世界五百强企业中有59家已成为海尔的合作伙伴。海尔实行并行工程，更有一批国际化大公司已经以其高科技和新技术参与到海尔产品的前端设计中，不但保证了海尔产品技术的领先性，增加了产品的技术含量，同时开发的速度也大大加快。

另外，海尔还引进爱默生等国际化供应商在当地投资建厂，不仅为政府实现招商引资40多亿元，而且多产业的集聚，形成了一条完整的家电产业链。全球供应链的整合使海尔获得了快速满足用户需求的能力。

海尔整合全球配送网络，现在海尔物流配送网络已从城市扩展到农村，从沿海扩展到内地，从国内扩展到国际，国内可调配车辆1.6万辆。在全国建有42个配送中心，每天向1550个专卖店与9000多个网点配送5万多台产品；同时B2C产品与备件配送全面开展，形成了完善的成品分拨物流体系、备件配送体系与返回物流体系。

海尔在内部实施了 ERP 信息系统，建立了企业内部的信息高速公路，将用户信息同步转化为企业内部的信息，实现以信息替代库存，零资金占用。在企业外部，CRM 与 BBP 平台搭建起企业与用户、企业与供应商沟通的桥梁。所有的供应商均在网上接收定单、网上查询计划与库存、网上招标、与招商银行合作网上支付，大大加快了定单响应速度。计算机网络搭建了海尔集团内部的信息高速公路，能将电子商务平台上获得的信息迅速转化为企业内部的信息，以信息代替库存，达到零营运资本的目的。

（三）物流产业化阶段

目前，海尔物流在拥有了三个 JIT 的速度、"一流三网"的资源和信息化平台的支持，在不断完善内部业务运作的同时，大力拓展社会化物流业务，目标是以客户为中心，建立起高效的供应链体系。

思考题

3.1 战略管理的含义是什么？

3.2 企业战略管理的四个阶段是什么？

3.3 信息系统规划的含义是什么？

3.4 信息系统规划方法有哪些？

3.5 什么是业务流程重组？

3.6 业务流程重组的原则是什么？

第四章 管理信息系统的分析

第一节 管理信息系统分析的任务和步骤

一、系统分析的目的

概括地说，系统分析的目的就是在总体规划的基础上，回答"新系统应该干什么"的问题。也就是将用户的需求及其解决方法和内容分析清楚并确定下来。

二、主要任务

1. 详细调查来收集和分析用户需求

详细了解每个业务过程和业务活动的工作流程及信息处理流程，理解用户对信息系统的需求，包括对系统功能、性能等方面的需求，对硬件配置、开发周期、开发方式等方面的意见及打算。这部分工作要求用户配合系统分析人员完成，先由用户提出初步的要求，经系统分析人员对系统的详细调查，进一步完善系统的功能、性能要求，最终以系统需求说明书的形式将系统需求定义下来，这部分工作是系统分析的核心。

2. 确定新系统初步的逻辑模型

在详细调查的基础上，运用各种系统开发理论、开发方法和开发技术，确定系统应该具有的逻辑功能，再用适当的方法表示出来，形成系统的逻辑模型，新系统的逻辑模型由一系列图表和文字组成，在逻辑上描述新系统的目标和具有的各种功能与性能，且以系统分析报告的形式表达出来，为下一步系统设计提供依据。

3. 编制系统分析报告

在对系统进行分析的基础上，形成书面材料，对系统分析的目标、内容、新逻辑方案、进度安排和费用预算等进行说明。

三、 具体步骤

1. 现行系统的详细调查

弄清现行系统的边界，组织机构，人员分工，业务流程，各种计划、单据和报表的格式、种类及处理过程等。

2. 组织结构和业务流程分析

在详细调查的基础上，用一定的图表和文字对现行系统进行描述。业务流程的分析应当顺着原系统信息流动的过程逐步地进行，通过业务流程图，详细描述各环节的处理业务及信息的来龙去脉。

3. 系统数据流程分析

数据流程分析就是把数据在组织或原系统内部的流动情况抽象地独立出来，舍去具体组织机构、信息载体、处理工作、物资和材料等，仅从数据流动过程考查实际业务的数据处理模式。主要包括对信息的流动、传递、处理与存储的分析。

4. 建立新系统逻辑模型

在系统调查和系统分析的基础上，建立新系统逻辑模型，可用一组图表工具表达和描述，方便用户和分析人员对系统提出改进意见。

5. 提出系统分析报告

系统分析阶段的成果就是系统分析报告。它是系统分析阶段的总结和向有关领导提交的文字报告，反映这个阶段调查分析的全部情况，是下一步系统设计的工作依据。

在运用上述步骤和方法进行系统分析时，调查研究将贯穿于系统分析的全过程。调查与分析经常交替进行，系统分析深入的程度将是影响管理信息系统成败的关键问题。

第二节　系统可行性研究

一、　可行性分析的内容

（1）经济可行性。主要是对项目的经济效益进行评价：一方面是支出的费用，其中包括硬件购置费、软件开发费、管理和维护费、人员工资和培训费等；另一方面是取得的收益，其中的一部分可以用钱来衡量；收益的另一部分难以用钱表示。

（2）技术上的可行性。技术上的可行性分析要考虑将来采用的硬件和软件技术能否满足用户提出的要求。此外，还要考虑开发人员的水平。信息系统是一种知识密集型行业，对技术要求较高。如果没有足够的技术力量，或单纯依靠外部力量开发系统，是很难成功的。

（3）管理上的可行性。主要是管理人员对开发信息系统的态度和管理方面的基础工作。主要领导不支持的项目肯定不可行。如果高中层管理人员抵触情绪很大，就有必要等一等。

二、 可行性分析报告

可行性调查后，要写出可行性分析报告，交上级审核，报告内容一般包括以下几个方面：

（1）对应用项目的概况描述；

（2）项目目标；

（3）开发所需资源和预算安排；

（4）期望的效益；

（5）关于结论的意见。

可行性分析结论应该明确指出以下内容之一：① 可以立即开发；② 改进原系统；③ 目前不可行，或者需要推迟到某些条件具备以后再进行。可行性分析报告要尽量取得有关管理人员的一致认可，并在主管领导批准之后方可进行实施，进入对系统的详细调查阶段。

第三节　现行系统的详细调查

一、 详细调查的任务

详细调查是为了弄清原信息系统的状况，查明其执行过程，发现薄弱环节，收集数据，为设计新系统提供必要的基础资料。具体的调查内容包括管理业务状况的调查和分析、数据流程的调查和分析。

课堂笔记

二、 详细调查的原则和方式

1. 详细调查的原则

详细调查应遵循用户参与的原则，即由使用部门的业务人员、主管人员和设计部门的系统分析人员、系统设计人员共同进行，两者结合，就能互补不足，更深入地发现对象系统存在的问题，共同研讨解决的方案。

2. 详细调查的方式

（1）访谈法。是指通过访问员和受访人员进行面对面的交谈来了解受访人对系统的需求与态度的一种方法。

（2）问卷调查法。通过向调查者发出简明扼要的征询单，请示填写对有关问题的意见和建议来间接获得材料与信息的一种方法。

（3）召开调查会。针对要调查的问题，召集相应的人员，就相关问题进行讨论并达成解决方案。

（4）参加业务实践。这种调研方式也称为工作实践法，就是调研人员亲自从事相关业务工作来了解相应信息的一种方式。

（5）使用各种图表工具。借助各种图表工具来制作系统分析的各种流程图及数据图，以此来进行流程分析，进而得出符合企业或部门实际的业务流程或信息化流程。

第四节　管理业务调查

一、 组织结构调查

组织结构是组织的全体成员在职务范围、责任、权利等方面所形成的结构体系，通常用组织结构图表示。（如图 4-1）

二、 管理功能调查

为了实现系统的目标，系统必须具备相应的功能。所谓功能，是指完成某项工作的能力。在系统分析调查中，可以用功能层次图来描述从系统目标到各项功能的层次关系。（如图 4-2）

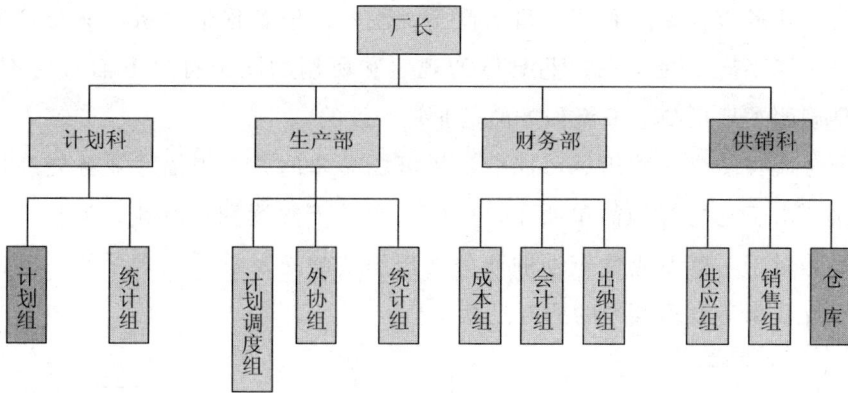

图 4-1   组织结构图

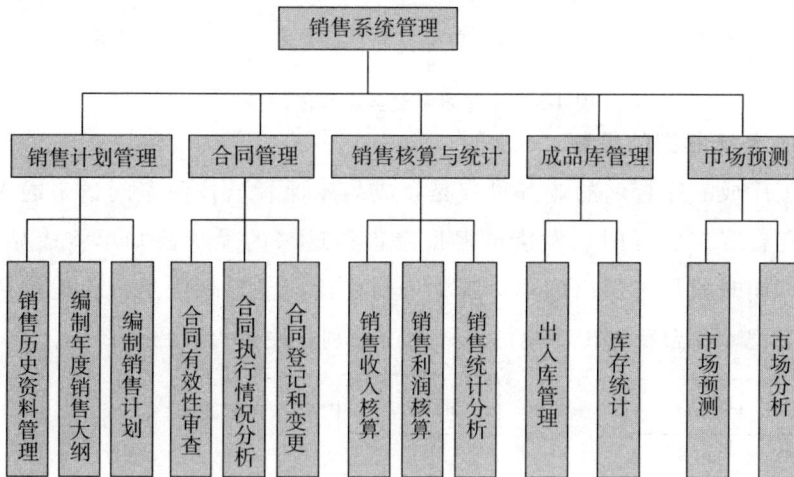

图 4-2   管理功能图

三、管理业务流程分析

调查人员应按照原有信息流动过程，逐个地调查所有环节的处理业务、处理内容、处理顺序和对处理时间的要求，弄清各个环节需要的信息、信息来源、流经去向、处理方法、计算方法、提供信息的时间和信息形态（报告、报单、屏幕显示）等。

1. 管理业务流程图

业务流程图（Transaction Flow Diagram，TFD），就是用一些规定的符号及连线来表示某个具体业务的处理过程。

业务流程图的绘制基本上按照业务的实际处理步骤和过程绘制。换句话说，就是一本用图形方式来反映实际业务处理过程的流水账。绘制出这本流水账对于开发者理顺和优化业务过程是很有帮助的。

有关业务流程图的画法，目前尚不太统一。但若仔细分析，就会发现它们都是大同小异，只是在一些具体的规定和所用的图形符号方面有些不同，而在准确明了地反映业务流程方面是非常一致的。

业务流程图是一种用尽可能少、尽可能简单的方法来描述业务处理过程的方法。由于它的符号简单明了，所以非常易于阅读和理解业务流程。但它的不足是对于一些专业性较强的业务处理细节缺乏足够的表现手段，它比较适用于反映事务处理类型的业务过程。

| 单位 | 文档、单据 | 人员 | 流程方向 |

图 4-3 一些表示业务流程图的符号

2. 业务流程图的绘制

某工厂成品库管理的业务过程是：成品库保管员按照车间送来的入库单登记库存台账。发货时，发货员根据销售科送来的发货通知单将成品出库，并发货，同时填写三份出库单，其中一份交给成品库保管员，由他按照这个出库单登记库存台账，出库单的另外两份分别送往销售科和会计科。

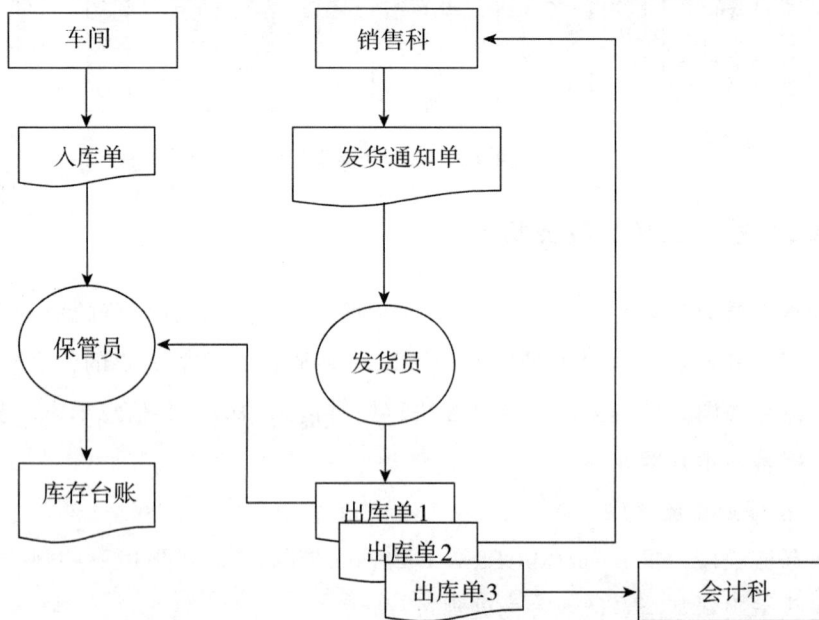

图 4-4 某工厂成品库管理业务流程图

图 4-4 中将出库单一式三份在各部门中的流转也表示清楚，在实际工作中，可以根据实际情况，单独绘制表格分配图来表示单据在各个部门中的

流动。

第五节 数据流程调查

一、 数据流程图的定义

数据流程图（Data Flow Diagram，DFD）是一种能全面地描述数据系统逻辑模型的主要工具，它可以用少数几种符号综合地反映出信息在系统中的流动、处理和存储情况。

二、 数据流程调查的内容

收集原系统全部输入单据（如入库单、收据、凭证）、输出报表和数据存储介质（如账本、清单）的典型格式；弄清各环节的处理方法和计算方法；在上述各种单据、报表、账本的典型样品上或用附页注明制作单位、报送单位、存放地点、发生频度（如每月制作几张）、发生的高峰时间及发生量等；在上述各种单据、报表、账册的典型样品上注明各项数据的类型（数字、字符）、长度、取值范围（指最大值和最小值）。

三、 数据流程图的特征

1. 抽象性

在数据流程图中具体的组织机构、工作场所、人员、物质流等都已去掉，只剩下数据的存储、流动、加工和使用的情况。这种抽象性能便于我们总结出信息处理的内部规律性。

2. 概括性

它把系统对各种业务的处理过程联系起来考虑，形成一个总体。而业务编程图只能孤立地分析各个业务，不能反映出各业务之间的数据关系。

四、 数据流程图的组成

1. 外部实体

指本系统之外的人或单位，它们和本系统有着信息传递关系。

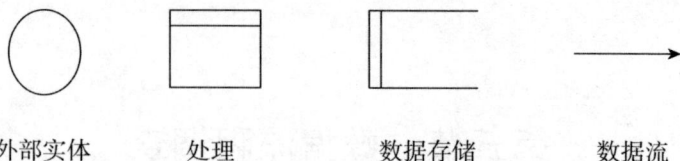

外部实体　　　　处理　　　　数据存储　　　　数据流

图 4-5　一些表示数据流程图的符号

2. 数据流

数据流表示流动着的数据，它既可以是一项数据，也可以是一组数据（如扣款数据文件、订货单等），也可用来表示数据文件的存储操作。

3. 处　理

又称功能。填写处理的名字（如开发票、出库处理等）。

4. 数据存储

填写存储的数据和数据集的名字及填入该数据存储的标志。

五、 数据流程图的画法

绘制数据流程图采用自顶向下，逐层分解的方法。也就是说，数据流程图是分层次的，绘制时，首先将整个系统按照总的处理功能画出顶层的流程图，然后逐层细分，画出下一层的数据流程图。顶层只有一张，它说明了系统总的处理功能和输入输出的数据流。

首先，画出顶层（第一层）数据流程图；其次，对顶层数据流程图中的"处理"进行分解，也就是将"处理"分解为更多的"处理"。数据流程图分多少层次，应视实际情况而定，对于一个复杂的大系统，有时可分至七八层之多。为了提高规范化程度，有必要对图中各个元素加以编号。

举例如下。

某图书馆管理员的日常工作过程是：学生将借（还）书单和学生卡一起交给图书馆管理员，管理员将实行分类处理。分类处理按照三种不同情况分别处理。如果学生卡显示有到期未还的书，管理员则拒绝借书，并将学生卡和借书单扣留登记台账，同时告知学生尽快还书，以换回学生卡；如果学生卡信息显示正常，则将借书单和学生卡交借书处理处，借书处理处作好借书的记录，并将书和学生卡交给学生；如果是学生还书，则将还书单和学生卡交给还书处理处，还书处理处在核对登记后，直接将书收回，将学生卡还给学生。请按照以上过程画出数据流程图，并对三个处理过程作简要说明。

其中，三个处理分别表示：D1 表示学生卡显示有到期未还的书，管理员拒绝借书，并将学生卡和借书单扣留登记台账；D2 表示学生卡信息显示正常，顺利借书；D3 表示学生还书。

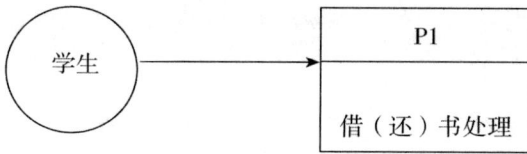

图 4-6　图书馆借（还）书系统顶层数据流程图

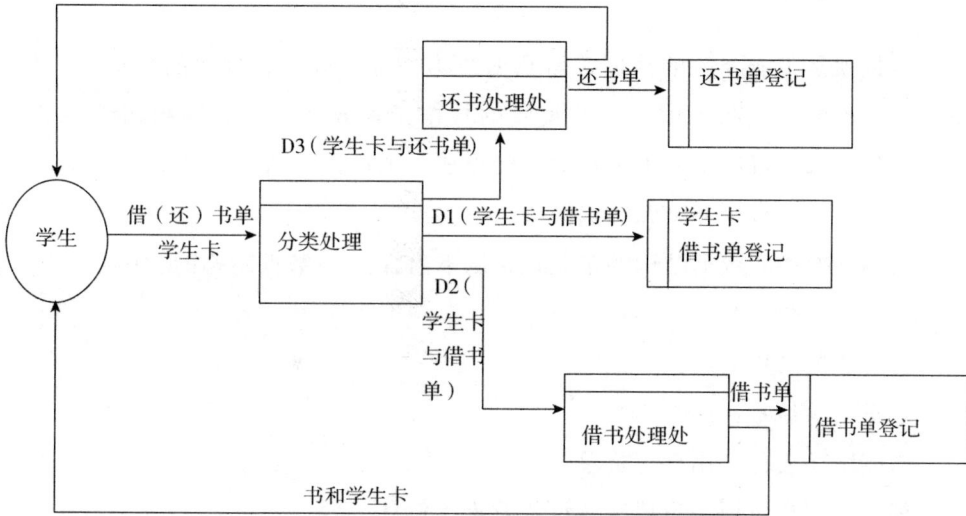

图 4-7　图书馆借（还）书处理第二层数据流程图

第六节　数据字典

数据字典是关于数据的信息的集合，也就是对数据流程图中包含的所有元素定义的集合。数据字典的内容主要是对数据流程图中的数据项、数据结构、数据流、处理逻辑、数据存储和外部实体等六个方面进行具体的定义。

一、数据项的定义

数据项又称数据元素，是数据的最小单位，是有意义的最小数据单元。在数据字典中，定义的数据项的特性包括：数据项的名称、编号、别名和简述，数据项的长度，数据项的取值范围。

例：数据项的定义

数据项的编号：I02-01

数据项名称：材料编号

别名：材料编号

简述：某种材料的代码

类型及宽度：字符型，4 位

取值范围："0001～9999"

二、 数据结构的定义

数据项是不能分解的数据，而数据结构是可以进一步分解的数据包。数据结构是由两个或两个以上相互关联的数据元素或者其他数据结构组成的。一个数据结构既可以由若干个数据元素组成，也可以由若干个数据结构组成，还可以由若干个数据元素和数据结构组成。

数据字典中对数据结构的定义包括以下内容：① 数据结构的名称和编号；② 简述；③ 数据结构的组成。

例：数据结构的定义

数据结构编号：DS03-01

数据结构名称：用户订货单

简述：用户所填用户情况及订货要求等信息

数据结构组成：DS03-02＋DS03-03＋DS03-04

三、 数据流的定义

数据流由一个或一组固定的数据项组成。定义数据流时，不仅说明数据流的名称、组成等，还应指明它的来源、去向和数据流量等信息。

例：数据流的定义

数据流编号：D03-08

数据流名称：领料单

简述：车间开出的领料单

数据流来源：车间

数据流去向：发料处理模块

数据流组成：材料编号＋材料名称＋领用数量＋日期＋领用单位

数据流量：10 份／小时

高峰流量：20 份／小时（9：00—11：00）

四、 处理逻辑的定义

处理逻辑的定义仅对数据流程图中最底层的处理逻辑加以说明。

例：处理逻辑的定义

处理逻辑编号：P02-03

处理逻辑名称：计算电费

简述：计算应交纳的电费

输入的数据流：数据流电费价格，来源于数据存储文件价格表；数据流用电量、用户名和用户类别，来源于处理逻辑"读电表数字处理"和数据存贮"用户文件"。

处理：根据数据流"用电量"和"用户名"，检索用户文件，确定该用户类别；再根据已确定的该用户类别，检索数据存储价格表文件，以确定该用户的收费标准，得到单价；用单价和用电量相乘，得该用户应交纳的电费。

输出的数据流：数据流"电费"一是传递给外部用户，二是写入数据存储用户电费账目文件。

处理频率：对每个用户每月处理一次。

五、 数据存储的定义

数据存储是数据结构保存的场所，它在数据字典中只描述数据的逻辑存储结构，而不涉及它的物理组织。

例：数据存储的定义

数据存储编号：F03-08

数据存储名称：库存账

简述：存放配件的库存量和单价

数据存储组成：配件编号＋配件名称＋单价＋库存量＋备注

关键字：配件编号

相关联的处理：P02，P03

六、 外部实体的定义

外部实体定义包括：外部实体编号、名称、简述及有关数据流的输入和输出。

例：外部实体的定义

外部实体编号：S03-01

外部实体名称：用户

简述：购置本单位配件的用户

输入的数据流：D03-06，D03-08

输出的数据流：D03-01

编写数据字典是系统开发的一项重要的基础工作。一旦建立，并按照编号排序之后，就是一本可以查阅的关于数据的字典，从系统分析一直到系统设计和实施都要使用它。在数据字典的建立、修正和补充过程中，始终要注意保证数据的一致性和完整性。

第七节　描述处理逻辑的工具

数据流程图中比较简单的计算性的处理逻辑可以在数据字典中作出定义，但还有不少逻辑上比较复杂的处理，有必要运用一些描述处理逻辑的工具来加以说明。

一、判断树

图 4-8 是一张用于根据用户欠款时间长短和现有库存量情况处理用户订货方案的判断树。判断树比较直观，容易理解。但条件多时，不容易清楚地表达出整个判别过程。

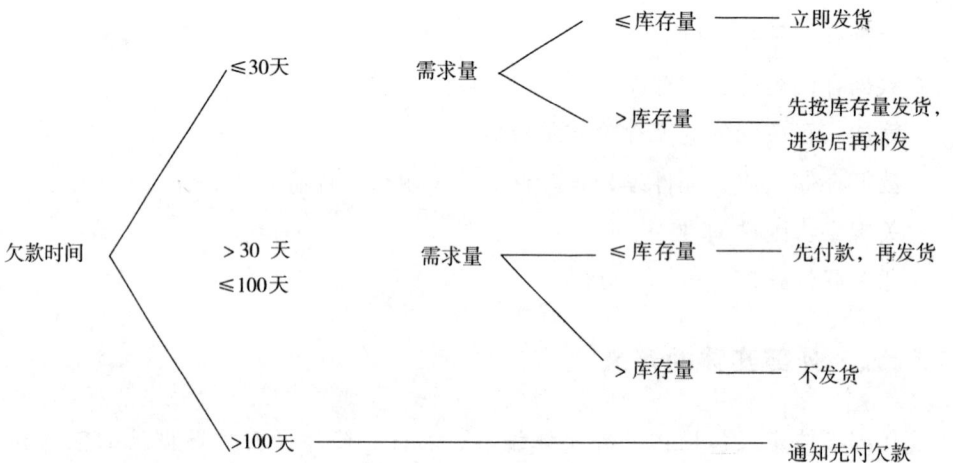

图 4-8　判断树

二、 判断表

判断表是采用方格方式来描述处理逻辑的一种工具。这里仍然以上述处理用户订货的例子来说明。请参考表 4-1 所示。

表 4-1 处理订货的判断表

	决策规则号	1	2	3	4	5	6
条件	欠款时间≤30 天	Y	Y	N	N	N	N
	欠款时间＞100 天	N	N	Y	Y	N	N
	需求量≤库存量	Y	N	Y	N	Y	N
应采取的行动	立即发货	×					
	先按库存量发货，进货后再补发		×				
	先付款，再发货					×	
	不发货						×
	要求先付款			×	×		

三、 结构英语表示法

这是一种模仿计算机语言的处理逻辑描述方法。它使用了由"IF""THEN""ELSE"等词组成的规范化语言。

举例：

IF 欠款时间≤30 天

　　IF 需要量≤库存量

　　　　THEN 立即发货

　　ELSE

　　　　先按库存量发货，进货后再补发

　　ELSE

　　IF 欠款时间≤100 天

　　　IF 需求量≤库存量

　　　　THEN 先付款，再发货

　　ELSE

　　　　不发货

　　ELSE

　　要求先付欠款

第八节 系统化分析

在原系统详细调查的基础上进行系统分析是提出新系统逻辑模型的重要步骤。这一步骤通过对原有系统的调查和分析，找出原系统业务流程和数据流程的不足，提出优化和改进的方法，给出新系统所要采用的信息处理方案。

一、 分析系统目标

根据详细调查对可行性分析报告中提出的系统目标作再次考察，对项目的可行性和必要性进行重新考虑，并根据对系统建设的环境和条件的调查修正系统目标，使系统目标适应组织的管理需求和战略需求。

系统目标是指作为达到系统目的所要完成的具体事项。一般来说，新系统目标可从功能、技术及经济三个方面考虑。

系统功能目标是指系统所能处理的特定业务和完成这些处理业务的质量。也就是系统能解决什么问题，以什么水平实现；系统技术目标是指系统应当具有的技术性能和应达到的技术水平，通过一些技术指标给出；系统经济目标是指系统开发的预期投资费用和经济效益。

二、 分析业务流程

在系统分析中，经常用到业务流程重组的概念，业务流程重组或称为过程重组，是一种较新的管理思想，使用这种思想和方法可以优化企业的结构。

这种方法的特点是：企业不再围绕功能或职能来运作管理业务，而代之以从企业流程（过程）的角度来组织管理活动，一改传统劳动分工原则下，企业过程被一块块地分割的局面。由此可见，在系统分析过程中，如何分析具体环境和信息技术应用的可能性、重组企业业务流程是一项十分重要的改革工作。

这一阶段的主要工作内容如下。

1. 原有流程的分析

分析原有的业务流程的各个处理过程是否具有存在的价值，其中哪些过程可以删除或合并，原有业务流程中哪些过程可以改进或优化。

2. 业务流程的优化

对于原有业务流程中存在的冗余信息处理，可以按照计算机信息处理的要求进行优化。

3. 确定新的业务流程

在对原有业务流程进行优化的基础上，按照系统新的业务处理程序画出新系统的业务流程图。

4. 确定新系统的人机界面

人机界面也称为用户界面或使用者界面，是系统和用户之间进行交互与信息交换的媒介，它实现信息的内部形式与人类可以接受形式之间的转换。凡参与人机信息交流的领域都存在着人机界面。在这里，主要是指确定新的业务流程中人与计算机的分工。

三、 分析数据流程

数据流程分析主要包括对信息的流动、变换和存储等的分析。其目的是要发现和解决数据流动中的问题。这些问题有：数据流程不畅、前后数据不匹配、数据处理过程不合理等。问题产生的原因可能是现行管理混乱，数据处理流程本身有问题，也可能是调查了解数据流程有误或作图有误。分析数据流程就是要尽量地暴露系统存在的问题，并找出加以解决的方法。

数据流程分析包括以下内容。

1. 分析原有的数据流程

分析原有的数据流程的各个处理过程是否具有存在的价值，确定哪些过程可以删除或合并，哪些不够合理需要进行改进或优化。

2. 优化数据流程

对于原有数据流程中存在的冗余信息处理可以按照计算机信息处理的要求进行优化。

3. 确定新的数据流程

在对原有数据流程进行优化的基础上，按照系统新的数据处理过程画出新系统的数据流程图。这个过程可能要经过多次地反复进行。

4. 确定新系统的人机界面

主要是指确定人与计算机的分工。明确数据流程中哪些工作由计算机自动完成，哪些工作是人员参与完成。

四、 功能分析和划分子系统

本部分主要是确定新系统功能结构和子系统的划分。为了实现系统目标，系统必须具备一定的功能。功能就是做某项工作的能力。目标和功能的关系可以理解为：目标可以看作系统，对目标的层层分解、理解为功能，依靠层层的功能，最终实现整体的目标。

把系统划分为子系统可以大大简化设计工作，因为划分以后，只要子系统之间的接口关系明确，每一个子系统的设计、调试基本上可以互不干扰地、各自相对独立地进行。将来，如要修改或扩充系统，可以在有关子系统范围内进行，而不至于牵动全局。

划分子系统的下一步工作是确定各子系统的目标和下属功能。为此，有必要分析原系统的数据流程图，由此来确定应当增加、取消、合并或改进的功能。

五、 数据存储分析

数据存储分析是数据库设计在系统分析阶段要做的工作，其内容首先是分析用户要求，也就是调查清楚用户希望从管理信息系统中得到哪些有用信息，然后通过综合抽象，用适当的工具进行描述。

六、 数据查询要求分析

通过调查和分析，将用户需要查询的问题列出清单或给出查询方式示意图。用户可能查询的问题如："×产品已完成计划的百分之几""×课题组已花费了多少研究费用"等。

七、 数据的输入输出分析

分析各种数据输入的目的和适用范围、数据量的大小与存在的问题。例如，输入的数据是否都得到了有效的利用，哪些数据的输入是多余的或者是不符合实际需要的，现在的数据输入方式是否能满足要求，输入速度是否能满足数据量的要求，是否需要改变输入方式和增加输入设备，哪种输入方式更符合用户的需要，还要分析数据的精确程度和数据间的相互联系等。

除明确数据查询要求外，还应对各种输出报表（包括手工填写的）的目的和使用范围进行分析，弄清哪些报表是多余的，或者是不符合实际要求的，系统的处理速度和打印速度是否能满足输出的要求等。

八、 确定新系统的数据处理方式

数据处理方式可分为两类：成批处理方式和联机实时处理方式。成批处理方式按照一定时间间隔（小时、日、月）把数据积累成批后，一次性输入计算机进行处理。例如：订货系统将一天内收到的订货单在计算机处理之前集中起来，并做汇总工作，然后加以处理。成批处理的特点是费用较低且有效地使用计算机，通常适用于以下四种情况：

（1）固定周期的数据处理；

（2）需要大量的来自不同方面的数据的综合处理；

（3）需要在一段时间内累积数据后才能进行的数据处理；

（4）没有通讯设备而无法采用联机实时处理的情况。

联机实时处理方式的特点是面向处理，数据直接从数据源输入中央处理机进行处理，由计算机即时作出回答，将处理结果直接传给用户。这种处理方式的特点是及时，但费用较高。通常适用于以下三种情况：

（1）需要反应迅速的数据处理；

（2）负荷易产生波动的数据处理；

（3）数据收集费用较高的数据处理。

第九节　研究和确定管理模型

管理模型是系统在每个具体管理环节上所采用的管理方法。在老的手工系统中，由于受信息获取、传递和处理手段的限制，只能采用一些简单的管理模型，而在计算机技术的支持下，许多复杂的计算在瞬间即可完成，这样，现代管理方法的应用就具有了现实的可能性。

在管理信息系统的系统分析中，就要根据业务和数据流程的分析结果，对每个处理过程进行认真分析，研究每个管理过程的信息处理特点，找出与之相适应的管理模型，这是使管理信息系统充分发挥作用的前提。

关于管理模型的分类与比较详见表 4-2。

表 4-2　管理模型的分类与比较表

模型大类	模型小类	模型作用	常用模型
综合计划模型	综合发展模型	这是企业的近期发展目标模型，包括盈利指标、生产规模等	企业中长期计划模型
			厂长任期目标分解模型
			新产品开发和生产结构调整模型
			中期计划滚动模型
	资源限制模型	反映了企业各种资源对企业发展模型的制约	数学规划模型
			资源分配限制模型

续表

模型大类	模型小类	模型作用	常用模型
生产计划管理模型	生产计划大纲模型	主要安排与综合生产计划有关的生产指标	优化生产计划模型
			物料需求计划模型
			能力需求计划模型
			投入产出模型
	作业计划模型	具体安排了生产产品数量、加工路线、加工进度、材料供应、能力平衡等	投入产出矩阵
			网络计划模型
			关键路径模型
			排序模型
			物料需求模型
			设备能力平衡模型
			滚动作业计划模型
			甘特图
库存管理模型	库存管理模型	用于安排库存数量	库存物资分类法
			库存管理模型
			最佳经济批量模型
财务成本管理模型	成本核算模型	包括直接生产过程的消耗计算和间接费用的分配	品种法、分步法、逐步结转法、平行结转法、定额差异法等
			完全成本法和变动成本法
	成本预测模型		数量经济模型
			投入产出模型
			回归分析模型
	成本分析模型		实际成本与定额成本比较模型
			本期成本与历史同期可比产品成本比较模型
			产品成本与计划指标比较模型
			产品成本差额管理模型
			量本利分析模型
统计分析与预测模型	统计分析与预测模型	一般用来反映销售、市场、质量、财务状况等的变化情况及未来发展趋势	多元回归预测模型
			时间序列预测模型
			普通类比外推模型

第十节　提出新系统的逻辑方案

逻辑方案是新系统开发中要采用的管理模型和信息处理方法。系统分析阶段的详细调查、系统化分析都是为建立新系统的逻辑方案作准备。逻辑方案是系统分析阶段的最终成果，也是今后进行系统设计和实施的依据。

1. 新系统的业务流程

这是业务流程分析和业务流程优化重组后的结果，包括原系统的业务流程的不足及其优化过程和新系统的业务流程、新系统业务流程中的人机界面划分。

2. 新系统的数据流程

这是数据流程分析的结果，包括原数据流程的不合理之处及优化过程、新系统的数据流程和新数据流程中的人机界面划分。

3. 新系统的逻辑结构

即新系统中的子系统划分。

4. 新系统中数据资源的分布

即确定数据资源如何分布在服务器或主机中。

5. 新系统中的管理模型

确定在某一具体管理业务中采用的管理模型和处理方法。

案例阅读

高校班务管理信息系统

一、项目背景分析

随着信息化的来临和计算机在日常管理中的广泛应用，在学校的校内网站上，有教师个人信息系统、学生个人信息系统，但是没有班级事务管理信息系统。为了实现班务管理的信息化，在此不妨开发一个班务管理系统。

二、规划基本问题的确定

该系统的战略规划采用企业系统规划法（BSP）。

三、规划基本过程

1. 准备工作

为了顺利地完成这项系统开发工作，必须首先确定信息系统规划领导小组：由若干成员组成，主要是班级的负责人和系统规划人员。

2. 调 研

对某一个班级，调查该班级的基本事务有：每学期都要制定班级工作计划，定期对班委会进行改组和调整，班级的各项管理任务在班干部中进行合理分配。对班级每学期每名学生的考试成绩都要进行记录、统计和分析，每学期都要进行学生的德育考评，班级经费的收支情况要进行合理的规划和管理。

(1) 对班级事务的整体规划和协调运行进行控制；

(2) 对班级具体事务的计划和控制；

(3) 对班级的教学管理进行控制和协调运行；

(4) 对班级学生的德育进行考评和管理；

(5) 对班级班费的收支进行管理。

3. 定义班务过程

根据调研，总结出以下班级管理过程：班务目标，班务规划，班务日志，班务范围，干部岗位，工作计划，课程设置，学生档案，成绩查询，教学目标，学生考勤，德育考评，教师评语，奖惩制度，班费规划，班费收支。

分别对以上各过程进行定义如下。

(1) 班务目标：指根据各班级的具体情况，在每一个学期都要为班级的发展制定一个目标，包括各个方面，比如，学生的学习方面、班级工作方面、班级组织的活动等方面都要制定相应的目标。

(2) 班务规划：每学期都要对各项班级事务进行一个总体和细致的规划，包括各项班级工作的分工，各项工作采取的形势，完成时间，进度安排等。

(3) 班务日志：指对班级发生的各种情况，或各项工作的进展情况和存在的问题，安排相应的人员进行纪录，以作为备案。

(4) 班务范围：指明确班级工作的范围、班主任的工作任务和各班干部的工作范围。

(5) 干部岗位：指对各班级的每一名学生干部都要明确划分工作岗位和职责。

(6) 工作计划：指要求各班级在每一学期都要制定一份工作计划，各班班主任和各位班干部也都要制定相应的工作计划。

(7) 课程设置：指学校教务部门要为各专业、各年级的学生每学期的学习制定合适的课程结构和授课顺序。

(8) 学生档案：学校、各系部和各班级都要为每一名学生建立详略不同的个人档案。

（9）成绩查询：指为学生和教师提供可进行成绩查询的功能，方便学生查询自己各门课的成绩。

（10）教学目标：教学上应该达到的目标，指对本班级的学生在各门课程应达到的成绩设定一个标准。

（11）学生考勤：指对各名学生的上课、开会等各项出勤和缺勤情况作出记录。

（12）德育考评：每学期，各班级都要在班主任的带领下，对每一名同学在该学期的各方面表现作出一个评估和打分，从而确定各名学生的德育考评结果。

（13）教师评语：指每学期每位班主任都要为班级内部的每一名学生写学期评语，评价该学生一贯的表现情况。

（14）奖惩制度：指学校制定各项奖励学生和惩戒学生的制度，以达到控制学生行为的目的。

（15）班费规划：对班级的经费进行每学期的经费预算。

（16）班费收支：对每学期班费的使用和收集情况进行记录。

4. 班务过程重组

根据调研情况，对该班级业务流程中不合理的班务流程进行重组，删除多余或重复的流程，合并相近的流程，补充缺少的流程，使班务流程更完善、更合理。

5. 定义数据类

通过调研，从调研得到的信息可以归纳出班级管理系统中以下数据类：班级，学生，学生干部，工作计划，成绩，课程，科任教师，德育指标，班主任，账。

分别对以上各数据类进行定义如下。

（1）班级：描述班级的班级号，班级人数，班主任情况和该班级的账套号。

（2）学生：描述学号，姓名，性别，年龄，籍贯和所属班级。

（3）学生干部：包括学生干部姓名，性别，年龄，籍贯，所属班级，现任职务。

（4）工作计划：所属班级号，计划名称，计划编号，执行学期。

（5）成绩：包括课程编号，班级编号，科任教师，所在学期号。

（6）课程：包括课程名称，课程编号，科任教师编号，所在学期号。

（7）科任老师：包括教师编号，姓名，性别，年龄，所教课程编号。

（8）德育指标：包括评语编号，德育评语，所在学期，程度。

（9）班主任：班主任姓名，所在班级，学期号。

（10）账：账号，科目，借，贷。

6. 定义信息系统总体结构

（1）事务管理子系统功能是对班级事务的整体规划和协调运行进行控制

（2）组织管理子系统功能是对班级具体事务的计划和控制

（3）教学管理子系统功能是对班级的教学管理进行控制和协调运行

（4）德育管理子系统功能是对班级学生的德育进行考评和管理

（5）班费管理子系统功能是对班级班费的收支进行管理

思考题

4.1　管理信息系统分析的内容是什么？

4.2　管理信息系统分析的调查方法有哪些？

4.3　什么是管理业务流程图？

4.4　什么是数据流程图？

4.5　系统化分析的主要内容有哪些？

4.6　管理信息系统的新逻辑方案涉及哪些方面？

第五章　管理信息系统的系统设计

第一节　系统设计概述

一、概　念

系统设计是指根据系统分析阶段所确定的新系统的逻辑模型、功能要求，在用户提供的环境条件下，设计出一个能在计算机网络环境上实施的方案，即建立新系统的物理模型。

系统设计是管理信息系统开发的第三个阶段，系统设计的目标是在保证实现逻辑模型的基础上，尽可能提高系统的各项指标，即系统的工作效率、可靠性、工作质量和经济性等。

系统设计通常可分为两个阶段进行，第一阶段是总体设计，其任务是设计系统的框架和概貌，向用户单位和领导部门作详细报告并认可，在此基础上，进行第二阶段——详细设计，这两部分工作是互相联系的，需要交叉进行，本章将这两个部分内容结合起来进行介绍。

二、原　则

管理信息系统开发是一项系统工程，为了保证系统的质量，设计人员必须遵守共同的设计原则。

1. 系统性

系统是作为统一整体而存在的，因此，在系统设计中，要从整个系统的角度进行考虑，系统的代码要统一，设计规范要标准，传递语言要尽可能一致，对系统的数据采集要做到数出一处、全局共享，使一次输入得到多次利用。

2. 灵活性

为保持系统的长久生命力，要求系统具有很强的环境适应性，为此，系统应具有较好的开放性和结构的可变性。在系统设计中，应尽量采用模块化结构，提高各模块的独立性，尽可能减少模块间的数据耦合，使各子系统间的数据依赖减至最低限度。这样，既便于模块的修改，又便于增加新的内容，提高系统适应环境变化的能力。

3. 可靠性

可靠性是指系统抵御外界干扰的能力及受外界干扰时的恢复能力。一个成功的管理信息系统必须具有较高的可靠性，如安全保密性、检错及纠错能力和抗病毒能力等。

4. 经济性

经济性是指在满足系统需求的前提下，尽可能减小系统的开销。一方面，在硬件投资上不能盲目追求技术上的先进，而应以满足应用需要为前提；另一方面，系统设计中应尽量避免不必要的复杂化，各模块应尽量简洁，以便缩短处理流程、减少处理费用。

三、 内 容

1. 总体设计

总体设计主要是指在系统分析的基础上，对整个系统的划分（子系统）、机器设备（包括软硬设备）的配置、数据的存贮规律和整个系统实现规划等方面进行合理的安排。

（1）系统模块结构设计。它的任务是划分子系统，然后确定子系统的模块结构，并画出模块结构图。

在这个过程中，必须考虑几个问题：如何将一个系统划分成多个子系统；每个子系统如何划分成多个模块；如何确定子系统之间、模块之间传送的数据及其调用关系；如何评价并改进模块结构的质量。

（2）计算机物理系统配置方案设计。在进行总体设计时，还要进行计算机物理系统的具体配置方案的设计，要解决计算机软硬件系统的配置、通信网络系统的配置和机房设备的配置等问题。计算机物理系统的具体配置方案要经过用户单位和领导部门的同意才可进行实施。

2. 详细设计

详细设计主要包括处理过程设计、代码设计、界面设计、数据库设计和输入输出设计等。一般来说，处理过程设计要确定每个模块内部的详细执行过程、局部数据组织、控制流与每一步的具体加工要求等。处理过程模块详细设计的难度已不太大，关键是用一种合适的方式来描述每个模块的执行过程，常用的有流程图、问题分析图和过程设计语言等。

3. 编写系统设计说明书

系统设计阶段的结果是系统设计说明书，它主要由模块结构图、模块说明书和其他详细设计的内容组成。

四、工 具

1. 模块结构图

模块是组成目标系统逻辑模型和物理模型的基本单位，它的特点是可以组合、分解和更换。模块结构图是用于描述系统模块结构的图形工具，它不仅描述了系统的子系统结构与分层的模块结构，还清楚地表示了每个模块的功能，而且直观地反映了块内联系和块间联系等特性。

一个模块应具备以下四个要素：

(1) 输入和输出；

(2) 处理功能；

(3) 内部数据；

(4) 程序代码。

前两个要素是模块的外部特性，即反映了模块的外貌。后两个要素是模块的内部特性。在结构化设计中，主要考虑的是模块的外部特性，其内部特性只作必要了解，具体的实现将在系统实施阶段完成。

2. 信息系统流程图

系统流程图可以反映各种处理功能与数据存储之间的关系。系统流程图以新系统的数据流程图和模块结构图为基础，首先找出数据之间的关系，即由什么输入数据，产生什么中间输出数据（可建立一个临时中间文件），最后又得到什么输出信息。然后，把各种处理功能与数据关系结合起来，形成整个系统的信息系统流程图。

3. IPO 图

IPO 图是对每个模块进行详细设计的工具，它是输入加工输出（Input Process Output）图的简称。

IPO 图就是用来说明每个模块的输入、输出数据和数据加工的重要工具。

课堂笔记

IPO 图的主体是算法说明部分，该部分可采用结构化语言、判定表、判定树、问题分析图和过程设计语言等工具进行描述，要准确而简明地描述模块执行的细节。

开发人员不仅可以利用 IPO 图进行模块设计，而且可以利用它评价总体设计。用户和管理人员可利用 IPO 图编写、修改和维护程序。因而，IPO 图是系统设计阶段的一种重要文档资料。

IPO 图的处理过程描述较为困难。因为对于一些处理过程较为复杂的模块，用自然语言描述其功能十分困难，并且对同一段文字的描述，不同的人还可能产生不同的理解。

4. 控制流程图（FC）

控制流程图（Flow Chart，FC）又称框图，它是最常使用的程序细节描述工具。框图的三种基本成分为：

（1）处理步骤（用矩形框表示）；

（2）条件判断（用菱形框表示）；

（3）控制流（用箭头表示）。

五、 模块分解的原则： 耦合小、 内聚大

在结构化设计中，采用自顶向下、逐步细化的方法，将系统分解成为一些相对独立、功能单一的模块。

在一个管理信息系统中，系统的各组成部分之间总是存在着各种联系。由于模块之间的互相联系越多，模块的独立性就越少，因此，引入模块耦合和内聚的概念。

耦合表示模块之间联系的程度。紧密耦合表示模块之间联系非常强，松散耦合表示模块之间联系比较弱，非耦合则表示模块之间无任何联系，是完全独立的。

内聚表示模块内部各成分之间的联系程度。

一般说来，在系统中各模块的内聚越大，则模块间的耦合越小。但这种关系并不是绝对的。耦合小使得模块间尽可能相对独立，从而使得各模块可以单独开发和维护。内聚大使得模块的可理解性和维护性大大增强。因此，在模块的分解中，应尽量减少模块的耦合，力求增加模块的内聚。

六、 模块划分

1. 按照逻辑划分

把相类似的处理逻辑功能放在一个子系统或模块里。例如，把"对所有业务输入数据进行编辑"的功能放在一个子系统或模块里。那么不管是库存，还是财务，只要有业务输入数据，都由这个子系统或模块来校错、编辑。

2. 按照时间划分

把要在同一时间段里执行的各种处理结合成一个子系统或模块。

3. 按照过程划分

即按照工作流程划分。从控制流程的角度看，同一子系统或模块的许多功能都应该是相关的。

4. 按照通信划分

把相互需要较多通讯的处理结合成一个子系统或模块，这样可减少子系统间或模块间的通讯，使接口简单。

5. 按照职能划分

即按照管理的功能。例如，财务、物资和销售子系统等。

第二节　详细设计

一、 代码设计

1. 代码的含义

代码是代表事物名称、属性、状态等的符号，为了便于计算机处理，一般用数字、字母或它们的组合来表示。

2. 代码的作用

（1）便于数据存储和检索。代码缩短了事物的名称，无论是记录、记忆还是存储，都可以节省时间和空间。

（2）提高处理效率和精度。按照代码对事物进行排序、累计或按照某种规定算法进行统计分析，处理十分迅速。

（3）提高数据的全局一致性。这样，对同一事物，即使在不同的场合有不同的名称，都可以通过编码系统统一起来，提高了系统的整体性，减少了因

课堂笔记

数据不一致而造成的错误。

（4）交换信息的有效工具。作为人和计算机的共同语言，可以有效地实现信息的相互交流。

3. 代码设计的原则

（1）适用性。设计的代码在逻辑上必须能满足用户的功能需要，在结构上应当与系统的处理方法相一致。例如，在设计用于统计的代码时，为了提高处理速度，往往使之能够在不需调出有关数据文件的情况下，直接根据代码的结构进行统计。

（2）单义性。每个代码必须具有单义性，或称唯一性，即每个代码应当唯一标志它所代表的某一种事物或属性；每一种材料、物资、设备等只能有一个代码，不能重复，保持代码单义性。

（3）可扩充性。代码设计时，要预留足够的位置，以适应不断变化的需要；否则，在短时间内，随便改变编码结构，对设计工作来说，是一种严重浪费。一般来说，代码越短，分类、准备、存储和传送的开销越低；代码愈长，对数据检索、统计分析和满足多样化的处理要求就越好。但编码太长，留空太多，多年用不上，也是一种浪费。

（4）规范性。代码要系统化，代码的编制应尽量标准化，尽量使代码结构对事物的表示具有实际意义，以便于理解及交流。

（5）明义性。要注意避免引起误解，不要使用易于混淆的字符。如 O，Z，I，S，V 与 0，2，1，5，U 易混；不要把空格作为代码；要使用 24 小时制表示时间等。

（6）合理性。要注意尽量采用不易出错的代码结构，例如"字母—字母—数字"的结构（WW2）比字母—数字—字母的结构（如 W2W）发生错误的机会要少一些；当代码长于 4 个字母或 5 个数字字符时，应分成小段。这样，人们读写时，不易发生错误。如 726—499—6135 比 7264996135 易于记忆，并能更精确地记录下来。

4. 代码的种类

（1）顺序码。也称为系列码，它是一种用连续数字代表编码对象的码。

例如，用 1001 代表张三，1002 代表李四等。

顺序码的优点是，短而简单，记录的定位方法简单，易于管理，处理容易，设计和管理也容易。但这种码没有逻辑基础，不适宜分类，本身也不能说明任何信息的特征，在项目比较多的时候，编码的组织性和体系性较差。

此外，追加编码只能在连续号的最后添加一个号，删除则造成空码。所以，顺序码通常只起序列作用，作为其他码分类中细分类的一种补充手段。

（2）层次码（区间码）。也叫组别分类码或群码，就是将整个代码按位分成若干段，按从左到右的次序，各段子码依次表示编码对象的大、中、小类别，这样就组成了一个有层次及隶属关系的代码。

比如学生学号 201104010207，2011 表示学生入学的年份代码，04 表示学生就读的院系代码，01 表示学生就读专业的代码，02 表示就读专业的班级代码，07 表示学生在班级的序号。从左至右范围依次由大到小说明学生的身份。

区间码的优点是：信息处理比较可靠，排序、分类、检索等操作易于进行。但这种码的长度与它分类属性的数量有关，有时可能造成很长的码。在许多情况下，码有多余的数。同时，这种码的修改也比较困难。

（3）表意码（助记码）。它是把直接或间接表示对象属性的文字、数字、记号原封不动地作为编码。

例如，TV—电视，B（Black）—黑色，CM—厘米，MM—毫米，KG—公斤。表意码的特点是，可以通过联想帮助记忆，容易理解。但随着编码数量的增加，其位数也要增加，给处理带来不便。因此，表意码一般适用于数据项数目较少的情况（一般少于 50 个），否则可能引起联想出错。

表意码适用于物资的性能、尺码、重量、容积、面积和距离等。例如，TV-B-12 代表 12 英寸黑白电视机，TV-C-20 代表 20 英寸彩色电视机。

（4）合成码。它是把编码对象用两种以上的编码进行组合，可以从两个以上的角度来识别、处理的一种编码。

合成码的特点是，容易进行大分类、增加编码层次，作各种分类统计也很容易。缺点是位数和数据项目个数比较多。

5. 代码设计步骤

（1）确定代码对象。从整体出发，在充分调查分析的基础上，确定对象所属的子系统，需要编码的项目，确定编码的名称。

（2）考查是否已有标准代码。如果已有国家标准、部门标准代码，就必须遵循标准；如果没有标准代码，也应该参照国际标准化组织、其他国家、其他部门或其他单位的编码标准，以便将来标准化的需要。

（3）确定代码的使用范围。代码的设计不应该局限于某一企业或某一部门，它应该具有广泛的适用性。不仅能在本单位使用，还能在外单位使用。

（4）确定代码的使用时间。无特殊情况，代码应可永久使用。

（5）决定编码方法。根据编码的对象、目的、使用范围和使用期限等特性，选定合适的代码种类及校验方式。

（6）编写代码表。对代码作详细的说明并通知有关部门，以便正确使用代码。

（7）编写代码使用管理制度。代码使用时，应尽量减少传抄，以避免人为造成的错误，在输入代码时，建议用缩写形式输入，然后由系统自动生成相应正确的代码。

二、 输出设计

系统的详细设计过程是根据管理和用户的需要先进行输出设计，然后反过来根据输出的要求获得信息来进行输入设计。输出信息的使用者是用户，故输出的内容与格式等是用户最关心的问题之一，因此，在设计过程中，开发人员必须深入了解并与用户充分协商。

1. 输出格式设计的基本要求

（1）规格标准化，文字和术语统一；

（2）使用方便，符合用户的习惯；

（3）美观大方，界面漂亮；

（4）便于计算机实现；

（5）能适当考虑系统发展的需要。

2. 输出设计的内容

（1）输出信息使用情况。信息的使用者、使用目的、信息量、输出周期、有效期、保管方法和输出份数。

（2）输出信息内容。输出项目、精度、信息形式（文字、数字）。

（3）输出格式。表格、报告和图形等。

（4）输出设备和介质。设备，如打印机、显示器等；介质，如磁盘、磁带、纸张（普通、专用）等。

3. 输出设计评价

（1）是否为用户提供及时、准确、全面的信息服务；

（2）是否便于阅读和理解，符合用户的习惯；

（3）是否充分考虑和利用输出设备的功能；

（4）是否为今后的发展预留一定的余地。

三、 输入设计

1. 输入设计的目标

输入设计的目标是：在保证输入信息正确性和满足输出需要的前提下，应做到输入方法简便、迅速、经济。

2. 输入设计的原则

（1）输入量应保持在能满足处理要求的最低限度；

（2）杜绝重复输入；

（3）输入数据的汇集和输入操作应尽可能简便、易行；

（4）输入数据应尽早地用其处理所需的形式进行记录，以便减少或避免数据由一种介质转换到另一种介质时可能产生的错误。

3. 常用输入设备

常用的输入设备有键盘、鼠标、读卡机、条形码识别机、声音识别仪和图像扫描仪等。

4. 输入数据的获得

在管理信息系统中，最主要的输入是向计算机输送原始数据，原始数据通常通过人机交互方式进行输入，对于某些数据，最好的方法是结合计算机处理和人工处理的特点，重新设计一种新的人-机共用的格式。

5. 输入格式的设计

输入格式应该针对输入设备的特点进行设计。若选用键盘方式人机交互输入数据，则输入格式的编排应尽量做到计算机屏幕显示格式与单据格式一致。输入数据的形式一般可采用"填表式"，由用户逐项输入数据。输入完毕后，系统应具有"确认"输入数据是否正确无误的功能。

四、 处理过程设计

在获得了一个合理的模块划分，即模块结构图以后，就可以进一步设计各模块的处理过程了，这是为程序员编写程序作准备，它是编程的依据。

处理过程设计，也称模块详细设计，通常是在 IPO 图上进行的。模块详细设计时，除了要满足某个具体模块的功能、输入和输出方面的基本要求以外，还应考虑以下几个方面：

（1）模块间的接口要符合通信的要求；

（2）考虑将来所用计算机语言的特点；

（3）考虑数据处理的特点；

（4）估计计算机执行时间不能超出要求；

（5）考虑程序运行所占的存贮空间；

（6）使程序调试跟踪方便；

（7）估计编程和上机调试的工作量。

在设计中，还应重视数学模型求解过程的设计。对于管理信息系统常用的数学模型和方法，通常都有较为成熟的算法，系统设计阶段应着重考虑这些算法所选定的高级语言实现的问题。

五、 数据存储设计

（一）数据管理

数据管理的重要任务是实现对数据的合理组织、维护和存储，处理好应用程序和数据之间的关系。数据管理技术也经历了人工管理、文件管理和数据库管理三个发展阶段。

1. 人工管理阶段

这一阶段数据管理的特点是：

（1）数据不保存；

（2）应用程序直接管理数据；

（3）数据不能共享；

（4）数据不具有独立性。

2. 文件系统阶段

文件系统阶段数据管理的特点是：

（1）数据可以长期保存；

（2）专门的文件系统管理数据；

（3）数据具有较低的共享性差、冗余度大；

（4）数据独立性低。

3. 数据库系统阶段

这种方式在数据管理方面具有以下特点：

（1）数据结构化；

（2）数据共享性高、冗余度低、易扩充；

（3）数据独立性高；

（4）数据由 DBMS 统一管理和控制。

（二）数据组织的层次

数据组织一般分为数据项、记录、文件和数据库四个层次。

（1）数据项：是具有确定逻辑意义（即可描述信息内容）的数据的最小单位。它是不可再分的数据单位。它的作用在于说明事物的某方面性质，描述一个数据处理对象的某些属性。

（2）记录：是具有一定关系的数据项的一个有序集合。将描述某些事物有关性质的数据项按照一定的方式组织起来，就形成了记录。

（3）文件：是相关记录的集合。

（4）数据库：是长期存储在计算机内，有组织的、可共享的数据集合。

严格地说，数据库是"按照数据结构来组织、存储和管理数据的仓库"。在经济管理的日常工作中，常常需要把某些相关的数据放进这样的"仓库"，并根据管理的需要进行相应的处理。例如，企业或事业单位的人事部门常常要把本单位职工的基本情况（职工号、姓名、年龄、性别、籍贯、工资、简历等）存放在表中，这张表就可以看成一个数据库。有了这个"数据仓库"，就可以根据需要，随时查询某职工的基本情况，也可以查询工资在某个范围内的职工人数等。这些工作如果都能在计算机上自动进行，那我们的人事管理就可以达到极高的水平。此外，在财务管理、仓库管理和生产管理中，也需要建立众多的这种"数据库"，使其可以利用计算机实现财务、仓库和生产的自动化管理。

（三）数据存储形式

在管理信息系统中，对数据的存贮和管理有文件、数据库两种方式（也可以把数据库看作文件的集合）。

1. 文件设计

文件是按照一定的组织方式存放在存储介质上的同类记录的集合。文件设计就是根据文件的使用要求、处理方式、存储的数据量、数据的活动性及所能提供的设备条件等，确定文件类别、选择文件媒体、决定文件组织方法、设计记录格式，并估算文件容量。

具体内容如下。

（1）对数据字典（一种用户可以访问的记录数据库和应用程序源数据的目录）描述的数据存贮情况进行分析，确定哪些数据需要作为文件组织存贮，其中哪些是固定数据、哪些是流动数据、哪些是共享数据等，以便决定文件的类别。

（2）决定需要建立的文件及其用途和内容，并为每个文件选取文件名。

（3）根据文件的使用要求，选择文件的存贮介质和组织形式。例如，经常使用的文件应该采用磁盘介质随机方式（硬盘或软盘），不常用但数据量大的文件可采用磁带方式和顺序存贮组织方式。

（4）根据数据结构设计记录格式。记录格式设计内容包括：确定记录的长度；确定要设置的数据项数目和每个数据项在记录中的排列顺序；确定每个数据项的结构若需要时，确定记录中的关键字（数据项）。

文件中记录的长度取决于各个数据项的结构和数据项的数目。各数据项在记录中的排列顺序可根据实际需要和使用习惯决定。每个数据项的结构包括数据项名称、数据类型及数据长度。在设计时，不仅要考虑实际的需要，还要考虑计算机系统软件或语言所提供的条件和限制。

（5）根据记录长度、记录个数和文件总数，估算出整个系统的数据存贮容量。

整个系统的存贮容量等于各个存贮容量之和。文件存贮容量的计算与文件的组织方式、存贮介质、操作系统和记录格式等有密切的关系。详细计算文件存贮容量的过程比较复杂，读者可参考有关资料。在微机管理信息系统中，一个估计文件存贮容量的简单方法就是将记录长度乘以估计的记录个数。

2. 数据库设计

数据库设计是指在现有数据库上建立数据库的过程，它是管理信息系统的重要组成部分。

数据库设计的内容是：对于一个给定的环境进行符合应用语言的逻辑设计，以及提供一个确定存储结构的物理设计，建立实现系统目标，并能有效存储数据的数据模型。

在数据存储设计中，还涉及到一项较为重要的问题，这就是数据（文件或数据库）的安全性和完整性保护。安全性保护是防止机密数据被泄露，防止无权者使用、改变或有意破坏他们无权使用的数据。完整性保护是保护数据结构不受损害，保证数据的正确性、有效性和一致性。由于数据的保护与计算机系统环境的保护是密切相关的，因此，这个问题需要在更大的范围内才能彻底解决，例如，计算机系统所在的环境、硬软件、信息和通信设施等方面的保护及必要的行政和法律手段。而系统设计与实施阶段的关键任务，是从软件方面设计和实现数据保护的功能，例如，对数据并行操作（即多个用户同时存取和修改同一数据）的控制和管理，设置口令校验功能等。

六、 用户界面设计

用户界面是人和计算机联系的重要途径。操作者可以通过屏幕窗口与计算机进行对话、向计算机输入有关数据、控制计算机的处理过程,并将计算机的处理结果反映给用户。因此,用户界面设计必须从用户操作方便的角度来考虑,与用户共同协商界面应反映的内容和格式。

在设计图形用户界面时,应掌握以下几条原则:

(1) 图形对象一般占用系统资源较多,且处理速度较慢,因此,在对时间的响应要求较高且硬件资源档次较低的环境中,不宜采用图形界面;

(2) 设计的图形对象,应具有直观、清楚、易理解的特点,以便于用户操作和使用;

(3) 图形对象的选择和设计应尽可能利用系统本身提供的图形工具软件,或是通过继承的方式重用类库中已有的图形对象,以提高现有资源的利用率。

第三节 编写系统设计说明书

系统设计说明书是从系统总体目标与功能出发,对系统建设中各主要技术方面的设计进行说明,它是系统设计阶段的产物,其着重点在于阐述系统设计的指导思想及采用的技术、路线、方法和设计结果。

系统设计说明书的主要内容应包括:

(1) 系统开发项目概述总体;

(2) 系统总体布局方案;

(3) 软件系统总体设计;

(4) 数据存储的总体设计;

(5) 代码设计;

(6) 处理过程设计;

(7) 人-机界面设计;

(8) 数据库系统设计;

(9) 计算机系统与网络系统选型和应用环境说明。

(10) 系统实施方案

课堂笔记

思考题

5.1　什么是管理信息系统的系统设计？

5.2　管理信息系统设计的工具有哪些？

5.3　详细设计有哪些方面？

5.4　代码设计分为哪几类？其优缺点是什么？

5.5　系统设计说明书包括哪些内容？

第六章　管理信息系统的实施与评价

第一节　管理信息系统的开发策略及方式

一、 管理信息系统开发的策略

1. "自下而上"的开发策略

"自下而上"的开发策略是从现行系统的业务状况出发，先实现一个个具体的功能，逐步地由低级到高级建立 MIS。

"自下而上"的开发策略的优点是可以避免大规模系统可能出现运行不协调的危险，但缺点是不能像想象的那样完全周密，由于缺乏从整个系统出发考虑问题的思维方式，随着系统的进展，往往要作出许多重大的修改，甚至重新规划、设计。

2. "自上而下"的开发策略

"自上而下"的开发策略强调从整体上协调和规划，由全面到局部，由长远到近期，从探索合理的信息流出发来设计信息系统。

由于这种开发策略要求很强的逻辑性，因而难度较大。

"自上而下"的开发策略是一种更重要的策略，是信息系统的发展走向集成和成熟的要求。整体性是系统的基本特性，虽然一个系统由许多子系统构成，但它们又是一个不可分割的整体。

在实践中，对于大型系统往往把这两种方法结合起来使用，即先自上而下地作好 MIS 的战略规划，再自下而上地逐步实现各系统的应用开发。

二、 管理信息系统开发的方式

1. 自主开发

用户自主开发是指用户企业安排内部的或招聘新的信息系统专业人员开

发自己的信息系统。

优点：利于与用户协调的方式，减少需求的不确定性；开发人员可以经常性地与用户部门进行交流，对自己企业的业务和管理也比较熟悉。因此，项目的可控性较好，用户的适应性也比较好。

缺点：系统性及质量较难保证，开发周期比较长；开发环境相对比较封闭，不利于利用先进的思想方法，不利于推动组织变革，需要较多的开发人员，实际的开发投入会较多。

自主开发适合于有较强的管理信息系统分析与设计队伍和程序设计人员、系统维护使用队伍的组织和单位，如高等院校、研究所、计算机公司等单位。

2. 委托开发

委托开发指信息系统专业公司或科研单位通过合约的形式，支付一定的费用，委托他们为自己开发信息系统。一般一些没有能力自行开发的企业会采取此种形式。

优点：系统性与质量有一定的保障，能较好地通过信息系统的开发推动组织变革。

缺点：不利于培养、组织自己的信息系统维护人员，有一定的风险，容易造成技术依赖。

委托开发方式适合于无管理信息系统分析、设计及软件开发人员或开发队伍力量较弱、但资金较为充足的组织和单位。

3. 合作开发

双方签订协议，共同合作进行开发工作。

优点：节约资金，培养、增强自己的技术力量，便于维护，系统技术水平较高。

缺点：双方在合作中沟通易出现问题，需要双方及时达成共识，进行协调和检查。

合作开发方式适合于有一定的管理信息系统分析、设计及软件开发人员，但开发队伍力量较弱，希望通过管理信息系统的开发，建立、完善和提高自己的技术队伍，便于系统维护工作的单位。双方共同开发成果，实际上是一种"半委托"性质的开发工作。

4. 购买现成软件

购置现成的商品软件，必要时，对软件作一定的修改，在安装调试以后，即可使用。

优点：开发周期短，经过反复调试和应用，系统可靠性较好，也比较适应组织实际。

缺点：调试费用较高，造成技术依赖，后期维护费用一般也较多。

因此，在选择通用软件时，不可只看开发商的宣传，要经过多方详尽的考察后，再作决定。购买现成软件最省事。但很难买到完全适合本单位的软件。购买现成软件包需要有较强的鉴别能力。这种方式谈不上什么系统维护。

目前，软件的开发正在朝着专业化方向发展，一些专门从事管理信息系统开发的公司已经开发出一批使用方便、功能强大的专项业务管理信息系统软件。为了避免重复劳动，提高系统开发的经济效益，也可以购买现成的适合于本单位业务的管理信息系统软件，如企业管理信息系统、教育管理信息系统、财务管理系统和进销存管理系统等。

三、 组织中信息系统的架构

一般来说，一个组织的信息系统部门人员的理想构成应包括两部分：一部分是由那些精通两种语言，即信息技术语言和商业语言，并能深刻了解计算机化企业机制和企业变革规律，得到最高管理层信任的专业人员组成，他们主要负责计算机化企业解决方案的设计及组织实现，即负责组织如何使用机器（信息技术）；另一部分是由技术性专业人员组成，主要负责快速建立和改变系统，使系统能安全稳定地运行，即负责如何使机器运转。

信息系统部门的人员主要包括如下人员。

1. 首席信息官 （Chief Information Officer，CIO）

是负责一个公司信息技术和系统所有领域的高级官员。他们通过指导对信息技术的利用来支持公司的目标。他们具备技术和业务过程两方面的知识，具有多功能的概念，常常是将组织的技术调配战略与业务战略紧密结合在一起的最佳人选。

2. 系统分析师 （Systems Analysts）

系统分析师的基本职责是：从事管理信息系统的定制、企业资源管理系统的设计开发及市场评估策划，其专业背景和招聘要求是：具有计算机或数理学或工科专业背景、本科以上学历，能独立翻译、阅读国外技术资料，有从事试验、掌握世界最新技术、最新方法的能力，理解商务逻辑和客户需求，能进行软件开发，有管理信息系统设计、项目设计的能力，开发进度的估计能力、控制能力及相关经验，有良好的理解能力、逻辑分析能力、表达能力和足够的沟通能力，具备基本文档写作能力，熟悉产品的安装与维护。

3. 系统设计师 (Systems Designers)

系统设计师是负责设计与开发应用软件系统，使其正确地反映出有效的信息，协助企业经营者管理、营运公司的运作者。系统分析师是抽象模型的建立者，他们需要专业的概念模型知识和基础编程技巧。杰出的系统分析师会利用编程技巧来辅助建立概念模型。

4. 程序员 (Programmers)

程序员是从事程序开发、维护的专业人员。熟练掌握基本算法和数据结构，用 C 语言编制程序；掌握数据结构、程序变速器和操作系统的基础知识；了解软件工程、数据库、多媒体和网络的基础知识；掌握数制、机内代码及其算术运算和逻辑运算的基础知识；了解计算机的体系结构和主要部件的基础知识。

5. 数据库管理员 (Database Administrator，DBA)

数据库管理员的职责为：

（1）安装和升级数据库服务器与应用程序工具；

（2）制定数据库设计系统存储方案，并制定未来的存储需求计划；

（3）一旦开发人员设计了一个应用，就需要 DBA 来创建数据库存储结构；

（4）一旦开发人员设计了一个应用，就需要 DBA 来创建数据库对象；

（5）根据开发人员的反馈信息，必要的时候，修改数据库的结构；

（6）登记数据库的用户，维护数据库的安全性；

（7）保证数据库的使用符合知识产权相关法规；

（8）控制和监控用户对数据库的存取访问；

（9）监控和优化数据库的性能；

（10）制定数据库备份计划，灾难出现时，对数据库信息进行恢复；

（11）维护适当介质上的存档或者备份数据；

（12）备份和恢复数据库；

（13）联系数据库系统的生产厂商，跟踪技术信息。

6. 网络专家 (Network Specialists)

主要负责网络的设置、网络的维护等工作。

7. 用户代表 (End Users)

在管理信息系统生命周期的各个阶段中，负责代表管理信息系统用户向管理信息系统开发、设计等相关部门及人员反映问题的代表。用户代表的参与对于保证管理信息系统软件开发的顺利进行、确保管理信息系统软件的实用性有着重要作用。

8. 信息系统经理（1nformation System Managers）

计算机和信息系统经理指计划、指导或协调电子数据处理、信息系统、系统分析和计算机编程相关的活动。

在低级信息管理职位上证明了自己的能力以后，其中一些既有商业经验又有技术背景的职员就可以申请信息部经理。信息部经理可以平调至其他部门的经理进行行政管理工作，也可以晋升至总经理，直至最高级别的首席执行官。

第二节　管理信息系统的实施与维护

一、 系统实施的目标

在系统分析与系统设计阶段中，开发人员为新系统设计了它的逻辑模型和物理模型。

将系统设计的物理模型转换成可实际运行的新系统。

系统实施阶段既是成功地实现新系统，又是取得用户对新系统信任的关键阶段。

二、 系统实施的主要工作内容

系统实施是一项复杂的工程，管理信息系统的规模越大，实施阶段的任务越复杂。

一般来说，系统实施阶段主要有以下几个方面的工作。

1. 物理系统的实施

管理信息系统的物理系统的实施是计算机系统和通信网络系统设备的订购、机房的准备和设备的安装、调试等一系列活动的总和。具体地说，是计算机和通信设备的安装、电缆线的铺设及网络性能的调试等工作。

2. 程序设计

程序设计是给出解决特定问题的程序的过程，是软件构造活动中的重要组成部分。程序设计往往以某种程序设计语言为工具，给出这种语言下的程序。程序设计过程应当包括分析、设计、编码、测试和排错等不同阶段。专业的程序设计人员常被称为程序员。

3. 系统调试

所谓调试,就是用各种手段进行查错和排错的过程。系统的应用软件通常由多个功能模块组成,每个模块由一个或几个程序构成。在单个程序调试完成以后,尚需进行分调。分调就是将一个功能内所有程序,按照次序串联起来进行调试,目的是要保证模块内各程序间具有正确的控制关系,同时可以测试模块的运行效率。

4. 人员培训

对信息系统的用户和相关人员进行相关的技术指导及使用信息系统的业务培训。

5. 系统切换

(1)系统切换含义。指由旧的、手工处理系统向新的计算机信息系统过渡。

(2)信息系统的切换方法。

① 直接切换法。在某一确定的时刻,原系统停止运行,新系统投入运行,新系统一般要经过较详细的测试和模拟运行。

考虑到系统测试中试验样本的不彻底性,一般只有在原系统已完全无法满足需要或新系统不太复杂的情况下,采用这种方法。

② 并行切换法。新系统投入运行时,原系统并不停止运行,而是与新系统同时运行一段时间,对照两者的输出,利用原系统对新系统进行检验。一般可以分为两步进行:

第一步,以新系统为正式作业,原系统作校核用;

第二步,经过一段时间运行,在验证新系统处理准确、可靠后,原系统停止运行。

并行处理的时间根据业务内容而定,短则 2 至 3 个月,长则半年至一年。转换工作不应急于求成。

③ 试点过渡法。先选用新系统的某一部分代替原系统,作为试点,逐步地代替整个原系统。在系统切换过程中,应注意以下问题,这些问题解决得好,将给系统的顺利切换创造条件。

• 新系统的投运需要大量的基础数据,这些数据的整理与录入工作量特别庞大,应及早准备、尽快完成。

• 系统切换不仅是机器的转换、程序的转换,更是人工的转换,应提前做好人员的培训工作。

- 系统运行时会出现一些局部性的问题，这是正常现象，系统工作人员对此应有足够的准备，并作好记录。

- 系统只出现局部性问题，说明系统是成功的；反之，如果出现整体的问题，则说明系统设计质量不好，整个系统甚至要重新设计。

三、　系统维护

（一）含　义

清除系统运行中发生的故障和错误。

软硬件维护人员要对系统进行必要的修改与完善；为了使系统适应用户环境的变化，满足新提出的需要，也要对原系统作一些局部的更新，这些工作称为系统维护。

（二）目　的

目的是保证系统正常可靠地运行。

系统维护工作在整个系统生命周期中常常被忽视。人们往往热衷于系统开发，当开发工作完成以后，多数情况下开发队伍被解散或撤走，而在系统开始运行后，并没有配置适当的系统维护人员。这样，一旦系统发生问题或环境发生变化，最终用户将无从下手，这就是为什么有些信息系统在运行环境中长期与原系统并行运行不能转换，甚至最后被废弃的原因。

随着信息系统应用的深入和使用寿命的延长，系统维护的工作量将越来越大。系统维护的费用往往占整个系统生命周期总费用的 60％ 以上，因此，有人曾以浮在海面的冰山来比喻系统开发与维护的关系，系统开发工作如同冰山露出水面的部分，容易被人看到而得到重视，而系统维护工作如同冰山浸在水下的部分，体积远比露出水面的部分大得多，但由于不易被人看到而常被忽视；从另一方面来看，相对具有"开创性"的系统开发来讲，系统维护工作属于"继承性"工作，挑战性不强，成绩不显著，使很多技术人员不安心于系统维护工作，这也是造成人们重视开发而轻视维护的原因。但系统维护是信息系统可靠运行的重要技术保障，必须给予足够的重视。

（三）内容和类型

1. 系统维护的内容

系统维护是面向系统中各个构成因素的，根据维护对象不同，系统维护的内容可分为以下几类。

（1）系统应用程序维护。系统的业务处理过程是通过应用程序的运行而实现的，一旦程序发生问题或业务发生变化，就必然地引起程序的修改和调整，因此，系统维护的主要活动是对程序进行维护。

（2）数据维护。业务处理对数据的需求是不断发生变化的，除了系统中主体业务数据的定期正常更新外，还有许多数据需要进行不定期的更新，或随着环境、业务的变化而进行调整，以及数据内容的增加、数据结构的调整。此外，数据的备份与恢复等，都是数据维护的工作内容。

（3）代码维护。随着系统应用范围的扩大、应用环境的变化，系统中的各种代码都需要进行一定程度的增加、修改、删除及设置新的代码。

（4）硬件设备维护。主要是指对主机及外设的日常维护和管理，如机器部件的清洗、润滑，设备故障的检修，易损部件的更换等，这些工作都应由专人负责，定期进行，以保证系统正常有效地工作。

（5）机构和人员的变动。信息系统是人机系统，人工处理也占有重要地位，人的作用占主导地位。为了使信息系统的流程更加合理，有时涉及到机构和人员的变动。这种变化往往也会影响对设备和程序的维护工作。

2. 系统维护的类型

系统维护的重点是系统应用软件的维护工作，按照软件维护的不同性质，划分为以下 4 种类型。

（1）纠错性维护。由于系统测试不可能揭露系统存在的所有错误，因此，在系统投入运行后，在频繁的实际应用过程中，就有可能暴露出系统内隐藏的错误。诊断和修正系统中遗留的错误，就是纠错性维护。纠错性维护是在系统运行中发生异常或故障时进行的，这种错误往往是遇到了从未用过的输入数据组合或是在与其他部分接口处产生的，因此，只是在某些特定的情况下发生。有些系统运行多年以后才暴露出在系统开发中遗留的问题，这是不足为奇的。

（2）适应性维护。它是为了使系统适应环境的变化而进行的维护工作。一方面，随着计算机科学技术迅速发展，硬件的更新周期越来越短，新的操作系统和原来操作系统的新版本不断推出，外部设备和其他系统部件经常有所增加和修改，这就必然要求信息系统能够适应新的软硬件环境，以提高系统的性能和运行效率；另一方面，信息系统的使用寿命在延长，超过了最初开发这个系统时应用环境的寿命，即应用对象也在不断发生变化，机构的调整、管理体制的改变、数据与信息需求的变更等，都将导致系统不能适应新的应用环境。例如，代码改变、数据结构变化、数据格式和输入或输出方式的变化、数据存储介质的变化等，都将直接影响系统的正常工作。因此，有必要对系统进行调整，使之适应应用对象的变化，满足用户的需求。

（3）完善性维护。在系统的使用过程中，用户往往要求扩充原有系统的功能，增加一些在软件需求规范书中没有规定的功能与性能特征，以及对处理效率和编写程序的改进。例如，有时可以将几个小程序合并成一个单一的运行良好的程序，从而提高处理效率；增加数据输出的图形方式；增加联机在线帮助功能；调整用户界面等。尽管这些要求在原来系统开发的需求规格说明书中并没有，但用户要求在原有系统基础上进一步改善和提高；并且随着用户对系统的使用和熟悉，这种要求可能被不断提出，为了满足这些要求而进行的系统维护工作就是完善性维护。

（4）预防性维护。系统维护工作不应总是被动地等待用户提出要求后才进行，而应进行主动的预防性维护，即选择那些还有较长使用寿命、目前尚能正常运行、但可能将要发生变化或调整的系统进行维护，目的是通过预防性维护，为未来的修改与调整奠定更好的基础。例如，将目前能应用的报表功能改成通用报表生成功能，以应付今后报表内容和格式可能的变化，根据对各种维护工作分布情况的统计结果，一般纠错性维护占 21%，适应性维护工作占 25%，完善性维护达到 50%，而预防性维护和其他类型的维护只占到 4%，可见，系统维护工作中，一半以上的工作是完善性维护。

第三节　管理信息系统的评价

一、系统评价内容

（1）直接经济效益的评价。它是指企业运行管理信息系统之后，使用计算机管理所节约的开支与企业在管理信息系统实施过程中一次性投资（包括软硬件投资）的折旧和运行费用相比较的结果。管理信息系统的应用，增加了投资和一些费用，但可以减少管理人员，这就减少了工资及劳动费用，通过实现管理现代化，节约物资消耗，降低成本消耗，减少库存资金，节约管理费用，还能够堵塞资金漏洞等，科学的计划决策更能带来难以估价的经济效益。

（2）间接经济效益的评价。它是指企业在运行管理信息系统之后，在提高管理效率方面和数据集中管理方面，以及在建立网络系统之后，数据的共享和数据传递的及时性、准确性方面，可以实现实时、定量的管理方面，提高了企业竞争力而带来的效益的评价。其主要表现在通过管理手段，由整体管理工作水平的提高所带来的综合经济效益，这类综合性的效益往往要经过一段时间才能反映出来，而且越是向高级阶段发展，这类效果就越显著，并能对企业产生根本性的、战略性的影响。它主要反映在能够使企业管理工作自动化、基础数据现代化、管理体制合理化、管理决策科学化和管理效果最优化等方面。

二、 系统评价指标

信息系统的评价是一项难度较大的工作，它属于多目标评价问题，目前，大部分的系统评价还处于非结构化阶段，只能就部分评价内容列出可度量的指标，不少内容还只能用定性的方法作出叙述性的评价。以下分为系统性能指标、直接经济效益指标及间接经济效益指标三个方面，提出信息系统的评价指标。

1. 系统性能指标

（1）人机交互的灵活性与方便性；

（2）系统响应时间与信息处理速度满足管理业务需求的程度；

（3）输出信息的正确性与精确度；

（4）单位时间内的故障次数与故障时间在工作时间中的比例；

（5）系统结构与功能的调整、改进及扩展，与其他系统交互或集成的难易程度；

（6）系统故障诊断、排除和恢复的难易程度；

（7）系统安全保密措施的完整性、规范性与有效性；

（8）系统文档资料的规范、完备与正确程度。

2. 直接经济效益指标

（1）系统投资额。包括：系统硬件、系统软件的购置、安装；应用系统的开发或购置所投入的资金；企业内部投入的人力、材料等支出；系统维护所投入的资金。

（2）系统运行费用。包括：消耗性材料费用（如存储介质、纸张与打印油墨等）；系统投资折旧费；硬件日常维护费等；系统所耗用的电费、系统管理人员费用等也应计入系统运行费用。由于信息系统的技术成分较高，更新换代快，一般折旧年限取 5 至 8 年。

（3）系统运行新增加的效益。包括：成本降低；库存积压减少；流动资金周转加快与占用额减少；销售利润增加及人力的减少等方面。新增效益可采用总括性的、在同等产出或服务水平下有无信息系统所致的、年生产经营费用节约额来表示，也可分别计算上述各方面的效益，然后求和表示。由于引起企业效益增减的因素相互关联、错综复杂，新增效益很难作精确的计算。

（4）投资回收期。通过新增效益，逐步收回投入的资金所需的时间。也是反映信息系统经济效益好坏的重要指标。经简化后，不考虑贴现率的投资回收期可用下式计算：

$$T = t + I/(B-C)$$

式中，T——投资回收期，年；

t——资金投入至开始产生效益所需的时间，年；

I——投资额，万元；

B——系统运行后每年新增的效益，万元/年；

C——系统运行费用，万元/年。

3. 间接经济效益指标

间接经济效益是指通过改进组织结构及运作方式、提高人员素质等途径，促使成本下降、利润增加而逐渐显现的间接获得的效益。由于成因关系复杂，计算困难，我们只能作定性的分析，所以间接经济效益也称为定性效益。尽管间接效益难以估计，但其对企业的生存与发展所起的作用往往要大于直接经济效益。

（1）对组织为适应环境所做的组织结构、管理制度与管理模式等的变革会起到巨大的推动作用，这种作用一般无法用其他方法实现。

（2）能显著地改善企业形象，对外可以提高客户对企业的信任程度；对内可以提高全体员工的自信心与自豪感。

（3）可使管理人员获得许多新知识、新技术与新方法，进而提高他们的技能素质，拓宽思路，进入学习与掌握新知识的良性循环。

（4）系统信息的共享与交互使部门之间、管理人员之间的联系更紧密，这可以增强他们的协作精神，提高企业的凝聚力。

（5）对企业的规章制度、工作规范、定额与标准、计量与代码等的基础管理产生很大的促进作用，为其他管理工作提供有利的条件。

系统评价结束后，应形成正式书面文件，即系统评价报告。系统评价报告既是对新系统开发工作的评定和总结，也是今后进行系统维护工作的依据。

课堂笔记

思考题

6.1 管理信息系统的开发方式有哪些?

6.2 系统实施的主要工作内容是什么?

6.3 系统评价的内容有哪些?

下篇 系统应用与实训篇

第七章　职能部门信息系统

第一节　市场营销信息系统

一、简　介

市场营销信息系统（Marketing Information System，MIS），是一个由人员、机器设备和计算机程序所组成的相互作用的复合系统，它连续有序地收集、挑选、分析、评估和分配恰当的、及时的和准确的市场营销信息，为企业营销管理人员制定、改进、执行和控制营销计划提供依据。它由内部会计系统、营销情报系统、营销调研系统和营销分析系统组成。

企业借助市场营销信息系统收集、挑选、分析、评估和分配适当的、及时的和准确的信息，为市场营销管理人员改进市场营销计划、执行和控制工作提供依据。

二、构　成

市场营销信息系统由企业内部报告系统、营销情报系统、营销调研系统和营销分析系统构成。

市场信息系统主要处理四个方面的信息，这就是产品（Product）、促销（Promotion）、渠道（Place）和价格（Price），这被简称为"4P"。

围绕产品的系统功能，有预测、订货、新产品研发等。短期预测包括一周、一个月、最多一年的预测，也有短至一天的预测。长期预测则最短为一年，也可能为两三年、五年，甚至十几年。要进行预测，就应当利用模型。短期预测一般使用移动平均数法模型、指数平滑法模型，而中长期预测则要使用拟合模型、回归模型或系统动力学模型等。

三、 主要模块介绍

1. 客户管理

详细记录客户的名称、地址、性质、规模、网址等基本信息和联系人、联络历史、报价方案、销售费用等业务信息。"自定义字段"功能可以根据不同行业的需要，增加客户基本信息的属性。主管可以查看下属销售员的所有客户资料及联系人资料。销售员之间也可以进行客户资料的移交或共享。

2. 销售管理

经理可以查看到任何下属销售员在任何时间与任何客户的联络日志，统计最近可能成交的销售机会等。每张销售订单经过经理审核以后，该订单的销售额自动加入该客户的购买记录中。还可以了解每张订单的已收和未收账款。销售员每天、每周、每月、每季谈了多少客户，有多少销售机会，完成多少销售额，查看销售员绩效一目了然。

3. 市场管理

管理重要的市场活动，收集和整理销售线索，有价值的销售线索可以直接转成销售员的客户资料，避免重复录入。制定部门或个人销售定额，实时体现销售进度。详细记录竞争对手信息，知己知彼。

4. 产品管理

产品档案记录，包括产品分类、产品名称、规格、成本价和市场指导价等信息。

5. 服务管理

添加和管理服务人员信息。管理用户的服务请求，记录服务请求的详细信息，对服务请求进行服务行动的委派，统计服务请求的完成情况。管理用户投诉信息及处理结果。记录产品使用过程中的常见问题，帮助业务人员和服务人员了解产品性能，了解常见问题的解决方法。

6. 决策支持

按照销售业绩进行图形分析，包括销售收入趋势分析、区域销售收入分析、销售员业绩趋势分析、销售员业绩排行和销售定额完成分析等。按照销售情况进行图形客户分析，包括客户销售额排名、客户区域分布和联系人统计分析等。按照产品销售情况进行分析，包括产品需求分析、产品销售额分析等。按照客户服务情况分析，如服务请求数量分析、客户投诉分析。

7. 日程安排

安排每日的工作行动或销售行动，可以按天、按周、按月显示查询。

8. 计划总结

销售员拟制销售计划和销售总结，主管经理对相应下属的计划或总结进行审核、认定。

9. 知识交流

交流技术、经验，发表建议、意见，学习制度、政策。

10. 客户关怀

常用的客户关怀方式是信封打印、邮件群发、短信群发。

11. 资料导出

客户资料和联系人可以导出成 EXCEL 文件格式。

第二节　客户服务管理系统

一、 客户服务管理的含义

CRM（Customer Relationship Management），即客户关系管理。

CRM 是指通过对客户详细资料的深入分析，来提高客户满意程度，从而提高企业竞争力的一种手段。

客户服务管理是指企业为了建立、维护并发展顾客关系而进行的各项服务工作的总称，其目标是建立并提高顾客的满意度和忠诚度，最大限度地开发利用顾客。

客户服务是一个过程，是在合适的时间、合适的场合，以合适的价格、合适的方式向合适的客户提供合适的产品和服务，使客户合适的需求得到满足、价值得到提升的活动过程。

客户服务管理是了解与创造客户需求，以实现客户满意为目的，企业全员、全过程参与的一种经营行为和管理方式。

二、 客户服务管理的核心理念

客户服务管理的核心理念是企业全部的经营活动都要从满足客户的需要出发，以提供满足客户需要的产品或服务作为企业的义务，以客户满意作为企业经营的目的。

客户服务质量取决于企业创造客户价值的能力，即认识市场、了解客户现有与潜在需求的能力，并将此导入企业的经营理念和经营过程中。优质的客户服务管理能最大限度地使客户满意，使企业在市场竞争中赢得优势，获得利益。

三、 客户服务管理出现的原因

1. 需求的拉动

放眼看去，一方面，很多企业在信息化方面已经做了大量的工作，收到了很好的经济效益；另一方面，一种普遍的现象是，在很多企业，销售、营销和服务部门的信息化程度越来越不能适应业务发展的需要，越来越多的企业要求提高销售、营销和服务的日常业务的自动化与科学化。这是客户关系管理应运而生的需求基础。

2. 技术的推动

计算机、通讯技术和网络应用的飞速发展，使得上面的想法不再停留在梦想阶段。

办公自动化程度、员工计算机应用能力、企业信息化水平与企业管理水平的提高，都有利于客户关系管理的实现。很难想象，在一个管理水平低下、员工意识落后、信息化水平很低的企业从技术上实现客户关系管理。有一种说法很有道理：客户关系管理的作用是锦上添花。现在，信息化、网络化的理念在我国很多企业已经深入人心，很多企业有了相当的信息化基础。

电子商务在全球范围内正开展得如火如荼，正在改变着企业做生意的方式。通过 Internet，可开展营销活动，向客户销售产品，提供售后服务，收集客户信息。重要的是，这一切的成本是那么低。

客户信息是客户关系管理的基础。数据仓库、商业智能及知识发现等技术的发展，使得收集、整理、加工和利用客户信息的质量大大提高。

3. 管理理念的更新

经过 30 多年的发展，市场经济的观念已经深入人心。当前，一些先进企业的重点正在经历着从以产品为中心向以客户为中心的转移。有人提出了客户联盟的概念，也就是与客户建立共同获胜的关系，达到双赢的结果，而不是千方百计地从客户身上谋取自身的利益。

现在是一个变革的时代、创新的时代。比竞争对手领先一步，而且仅仅一步，就可能意味着成功。业务流程的重新设计为企业的管理创新提供了一种工具。在引入客户关系管理的理念和技术时，不可避免地要对企业原来的管理方式进行改变，变革、创新的思想将有利于企业员工接受变革，而业务流程重组则提供了具体的思路和方法。

在互联网时代，仅凭传统的管理思想已经不够了。互联网带来的不仅是一种手段，而且它触发了企业组织架构、工作流程的重组和整个社会管理思想的变革。

四、应用 CRM 给企业带来的好处

成功地应用 CRM 系统，将给企业带来可衡量的显著效益。美国独立的 IT 市场研究机构 ISM（Information Systems Marketing）持续 13 年跟踪研究应用 CRM 给企业带来的影响，通过对大量实施 CRM 企业的跟踪调查，得出了详细的、可量化的利益一览表，从而证明在 CRM 系统上的资金、时间和人力的投入是正当的。

（1）在实施系统的前三年内，每个销售代表的年销售总额至少增长 10％。之所以能够获得这样的收益，是因为销售人员提高了工作效率（例如，有更多的时间去拜访客户和实施策略），工作更富成效（例如，因销售人员更加关注有价值的客户、更了解客户需求，从而提高了他们的销售访问质量）。

（2）在实施系统的前三年内，一般的市场销售费用和管理费用至少减少 5％。因为公司和市场人员可以更有针对性地对目标客户发放他们所需要的资料、选择沟通渠道，而不必像以往那样，去大量散发昂贵的印刷品和资料给所有现有的与潜在的客户，由于传统方式的针对性不强，必然广种薄收、成本居高不下。

（3）在实施系统的前三年内，预计销售成功率至少提升 5％。因为销售员辨别和选择机会时可以更仔细，及早放弃那些不好的机会，从而全神贯注于那些高成功率的机会。

（4）在应用系统的过程中，每笔生意价值至少增加 1％的边际利润。由于销售员可以与那些经过仔细选择的客户群体建立更紧密的合作，这些客户群像注重折扣一样注重价值销售，所以销售员趋向于更少打折。

（5）客户满意率至少增加 5％。因为那些能够更快得到所需信息的客户，获得了更好服务的客户和那些乐于建立关系营销，而销售员又能够提供的客户感到更满意。

上述利益是基于以下测量得出的。

（1）销售人员每天为现实的客户花费时间更多——为确知此利益，需要

考虑计算销售人员每天拨打的服务电话或与现实的客户面对面接触的时间。

（2）销售代表追求的客户数量的提高——请记住多数销售代表更愿意与现实的客户打电话，并与之发展关系。但是，未来新的客户也在不断增加。为确知此，需要计算每日、每星期、每月、每季度销售代表接触的新老客户的数量。

（3）销售经理与客户接触和就客户问题与销售代表一同工作的时间增多——培训销售人员也是关键。经理们似乎从未有足够的时间。为确知此，需要考虑计算每天销售经理与新老客户接触的时间及与销售代表讨论客户问题的时间。

（4）客户服务增加——客户服务是那些领先的公司和那些对此尚不知晓的公司之间的识别标志。为确知此，需要计算客户服务问题的解决时间和由于错误信息导致的客户服务误差的数量。

（5）与客户和有望成为客户的人的联系及时性增强——为确知此，应计算与客户和有望成为客户的人联系所间隔的时间与给他们送发信息所间隔的时间。

（6）每一销售代表每月收入的增加——由于自动化而节省了大量时间，为了确保因此而能有效地销售更多，谨慎的管理是需要的。尽管如此，每个销售代表每月收入增多仍是 CRM 最重要的好处。为此，需要计算每月每一代表比基本收入所增加的收入。

（7）总体业绩的提高——在一个 ISM 曾共事的公司，销售经理基于 CRM 系统的使用，在销售人员之间开展竞争，结果是惊人的。销售人员之间的良性竞争促使总体销售业绩的显著提高。为确知此，可计算每月整体销售队伍所增加的销售额。

（8）您公司的名字在您的客户和有望成为客户的人面前出现的频率将会提高——所谓"眼不见，心不烦"是很有害于您的销售努力的。可计算一下由销售和市场营销人员给客户和有望成为客户的人发出的信函的数量。

（9）顾客满意程度的提高——为确知此，考虑使用关于顾客满意的调查评比，并将评比结果张贴，以供所有员工了解。

（10）公司内部交流的增多——随着越来越多的员工在客户及潜在客户领域倾注时间，确保员工之间有效地交流的需要也在增强。为确知此，可计算在地区、区域及总部办公室之间提供和获取信息所花费的时间。

五、 客户关系管理主要包含方面（简称 7P）

客户概况分析（Profiling）：包括客户的层次、风险、爱好和习惯等；

客户忠诚度分析（Persistency）：客户对某个产品或商业机构的忠实程度、持久性和变动情况等；

客户利润分析（Profitability）：不同客户所消费的产品的边缘利润、总利润额和净利润等；

客户性能分析（Performance）：不同客户所消费的产品按照种类、渠道、销售地点等指标划分的销售额；

客户未来分析（Prospecting）：包括客户数量、类别等情况的未来发展趋势、争取客户的手段等；

客户产品分析（Product）：包括产品设计、关联性和供应链等；

客户促销分析（Promotion）：包括广告、宣传等促销活动的管理。

六、 CRM 项目的实施步骤

（1）应用业务集成。将独立的市场管理、销售管理与售后服务进行集成，提供统一的运作平台。将多渠道来源的数据进行整合，实现业务数据的集成与共享。这一环节的实现，使系统使用者可以在系统内得到各类数据的忠实记录，代表目前真实发生的业务状况。

（2）业务数据分析。对 CRM 系统中的数据进行加工、处理与分析，将使企业受益匪浅。

（3）决策执行。依据数据分析所提供的可预见性的分析报告，企业可以将在业务过程中所学到的知识加以总结利用，对业务过程和业务计划等作出调整。通过调整，达到增强与客户之间的联系、使业务运作更适应市场要求的目的。

在传统企业引入电子商务后，企业关注的重点由提高内部效率向尊重外部客户转移。而 CRM 理念正是基于对客户的尊重，要求企业完整地认识整个客户生命周期，提供与客户沟通的统一平台，提高员工与客户接触的效率和客户反馈率。一个成功的客户关系管理系统至少应包括如下功能：通过电话、传真、网络、移动通讯工具和电子邮件等多种渠道与客户保持沟通；使企业员工全面了解客户关系，根据客户需求进行交易，记录获得的客户信息，在企业内部做到客户信息共享；对市场计划进行整体规划和评估；对各种销售活动进行跟踪；通过大量积累的动态资料，对市场和销售进行全面分析。实施CRM的时候要注意一点，就是要设置好收集信息的机制，要收集有用的客户资料和信息，对于无用的信息则要丢弃。

第三节　人力资源管理信息系统

一、 人力资源管理系统

人力资源管理系统（Human Resources Management System，HRMS）包括人事日常事务、薪酬、招聘、培训、考核和人力资源的管理；也指组织或社会团体运用系统学理论方法，对企业人力资源管理的方方面面进行分析、规划、实施和调整，提高企业人力资源管理水平，使人力资源更有效地服务于组织或团体目标。

人力资源管理系统就是对信息技术与人力资源管理技术结合的最佳定义。好的人力资源管理系统，既是人力资源（Human Resource，HR）管理的信息处理工具，更应是规范HR管理的方法论。如果只是简单的信息处理工具，其更适合的定义应该是人力资源信息系统（Human Resource Information System，HRIS）。

二、 人力资源管理信息化的三个层次

1. 提高HR部门的工作效率

每月的工资计算与处理、员工的考勤休假处理、员工信息管理等业务内容，这些事务往往要持续占据HR管理人员的大量时间。手工操作不仅效率低下，而且容易出错。因此，对HR部门而言，人力资源管理系统首先要解决的是如何提高他们的工作效率，使管理人员从日常事务中解脱出来，考虑更具战略意义的问题。这使得人力资源管理系统中的员工信息管理模块、薪资福利管理模块、考勤休假模块等成为HR部门采购软件时的首选。

2. 规范HR部门的业务流程

当HR管理者从繁杂的行政事务中抽身出来之后，他们往往希望规范人力资源运作体系的业务流程。招聘流程、绩效管理流程、员工培训与发展流程、员工职业计划和离职流程等的设计都将进入HR管理者们的考虑范围。

如果人力资源管理电子信息化（以下简称 EHR 系统）不仅能将 HR 部门的工作职能完全覆盖并划分清楚，而且能将经过优化的业务流程在系统中体现，无疑将获得 HR 管理者的青睐。

3. 为企业与员工提供增值服务

从发展趋势上看，企业人力资源运作的重点将从行政事务管理向企业战略伙伴方向发展。过去 HR 部门将大量的时间和精力用在重复的行政性事务上，习惯坐等业务部门提出服务需求，而在增值服务上花费的心思不够。事实上，对 HR 部门而言，企业管理者与员工就是他们的客户，而如何为这些客户提供增值服务、能否提供增值服务是事关 HR 部门未来发展的战略问题。

比如，如何根据企业战略制定人力资源战略，如何通过合理的招聘技术与测评技术为企业选择合适的人才，如何通过工作分析技术和相应的绩效管理体系来提升组织与个人绩效，企业领导如何能方便地了解企业人力资源的各种状况，直线经理如何参与自己部门的人力资源管理，员工如何从规范的人力资源管理中受益等问题，都是需要 HR 部门花心思去考虑的。

因此，在这个层面上，EHR 系统如果能提供人力资源规划、总经理自助服务、直线经理自助服务和员工自助服务等功能，并能集成招聘技术、人才测评技术、职务分析技术及绩效管理体系等 HR 管理技术特征比较明显的功能，势必将帮助 HR 管理者更好地为企业与员工提供增值服务。

当然，这里需要指出的是，EHR 系统中涉及到管理技术层面的问题，最好的解决办法应该是由专业的 HR 咨询机构通过对企业的人力资源管理进行分析与诊断（如果企业自身有能力，也可自行分析诊断），开出对症下药的处方后，再将结果装载到软件供应商的系统平台中去。用户应避免简单地要求软件供应商去完成咨询服务商擅长的工作。

三、　模块划分

人力资源分为人力资源规划、人员招聘与配置、培训开发与实施、绩效考核与实施、薪酬福利、员工关系管理、人事管理和职业生涯管理八大模块。

1. 人力资源规划

① 组织机构的设置；② 企业组织机构的调整与分析；③ 企业人员供给需求分析；④ 企业人力资源制度的制定；⑤ 人力资源管理费用预算的编制与执行。（国际人力资源管理：① 职业生涯发展理论；② 组织内部评估；③ 组织发展与变革；④ 计划组织职业发展；⑤ 比较国际人力资源管理综述；

⑥ 开发人力资源发展战略计划；⑦ 工作中的绩效因素；⑧ 员工授权与监管。）

2. 人力资源的招聘与配置

① 招聘需求分析；② 工作分析和胜任能力分析；③ 招聘程序和策略；④ 招聘渠道分析与选择；⑤ 招聘实施；⑥ 特殊政策与应变方案；⑦ 离职面谈；⑧ 降低员工流失的措施。

3. 人力资源培训和开发

① 理论学习；② 项目评估；③ 调查与评估；④ 培训与发展；⑤ 需求评估与培训；⑥ 培训建议的构成；⑦ 培训、发展与员工教育；⑧ 培训的设计、系统方法；⑨ 开发管理与企业领导；开发自己和他人；⑩ 项目管理：项目开发与管理惯例。

4. 人力资源绩效管理

① 绩效管理准备阶段；② 实施阶段；③ 考评阶段；④ 总结阶段；⑤ 应用开发阶段；⑥ 绩效管理的面谈；⑦ 绩效改进的方法；⑧ 行为导向型考评方法；⑨ 结果导向型考评方法。

5. 人力资源薪酬福利管理

① 薪酬；② 构建全面的薪酬体系（岗位评价与薪酬等级、薪酬调查、薪酬计划、薪酬结构、薪酬制度的制定、薪酬制度的调整及人工成本核算）；③ 福利和其他薪酬问题（福利保险管理、企业福利项目的设计、企业补充养老保险和补充医疗保险的设计）；④ 评估绩效和提供反馈。

6. 人力资源的员工和劳动关系

① 就业法；② 劳动关系和社会；③ 行业关系和社会；④ 劳资谈判；⑤ 工会化和劳资谈判（安全、保安和健康、安全和健康项目、安全和健康的工作环境、促进工作场所的安全和健康与管理执业健康和安全）。

人力资源管理与竞争：① 人力资源管理与竞争优势；② 人力资源管理的法令和环境；③ 人力资源规划；④ 工作分析；⑤ 人员招聘；⑥ 培训和发展员工；⑦ 员工绩效评估；⑧ 提高生产力方案。

7. 人事管理

包括员工入职手续、员工信息档案、人事档案和员工奖惩制度等，是人力资源的重要组成。

8. 职业生涯管理

职业生涯管理是企业通过规划员工的职业生涯，引导员工把自身发展目标与企业发展目标充分结合，有效发挥自身优势，实现良好发展的人力资源管理措施。良好的职业生涯管理体系可以充分发挥员工的潜能，给优秀员工一个明确而具体的职业发展引导，从人力资本增值的角度达成企业价值的最大化。借助教育测量学、现代心理学、组织行为学、管理学、职业规划与职业发展理论等相关科学的经典理论，结合中国特色的企业管理实践和个人性格特征，形成了比较成熟、完善的职业生涯规划体系。

四、 快速成长企业人力资源管理的特征与需求

金蝶国际总裁徐少春曾经精辟地指出，成长性企业在不同发展阶段的管理模式在很大程度上体现为对"人"和"组织"的管理方式的不同。

金蝶国际软件集团有限公司总部位于中国深圳，始创于 1993 年 8 月，于 2005 年 7 月 20 日在香港联合交易所主板成功上市，股票代码为 00268。金蝶集团附属公司有专注于中国大陆市场的金蝶软件（中国）有限公司、专注于除中国大陆以外的亚太地区市场的金蝶国际软件集团（香港）有限公司及专注于中间件业务的深圳金蝶中间件有限公司等。

（一）特 征

第一阶段的管理模式可以称为"以人为本"，仅透过创业者本人就可驱动企业的发展，体现了最大程度的人性化和自由度，也就是创业期。

第二阶段的重心是过程管理，需要一个规范化的管理体系和业务流程。

第三阶段主要是管理弹性增加。

第四阶段主要体现在合作与开放方面。

第三和第四阶段，随着管理弹性增加，强调合作与开放，处在这两个阶段的管理模式可以统称为"开放体系模式"。

第五阶段，更是目前绝大多数中国企业远未达到的境界，就是以目标为导向的管理模式，简称目标管理。

这种观点获得了很多企业的赞同，也可以帮助我们分析快速成长型企业人力资源管理的特征。

（二）需 求

人力资源管理信息化在不同的企业，可能面临着不同的任务和管理需求。

1. 集体化管理需求

初创企业发展到一定的规模，企业内部开始出现部门化分工，并开始透过专业化的经理人去管理若干部门，此为企业发展的集体化阶段。

在这个阶段，管理上的主要变革是从创业者驱动的所谓"以人为本"的

管理到过程管理的转变，为此，需要建立专门的人事和行政管理团队，其主要职责是对员工和业务团队进行指导，引导员工执行决策层的决定。

这个阶段的企业人力资源管理信息化，重点是选用人力资源管理系统的基本模块，快速实现解决基本的人事管理问题，避免在人力资源管理系统上，为求完美而花费太多的时间和资金。

2. 规范化管理需求

企业发展到一定程度，员工经过不断的指导和实践，积累了一定的实践经验，自我管理的水平也在提升，开始要求更多的自主权；同时，企业规模扩大、管理层次增加、部门快速分拆、销售地域和网络越来越分散，高层管理人员开始通过广泛授权，并采取定期述职报告和利润中心的考核手段来考核下属机构，此时管理人员报酬的重点是强调个人绩效奖金。

人力资源管理面临的主要问题是：如何快速实现以"授权"为主要控制方式的规范管理。

这个阶段的企业人力资源管理信息化的重点是：满足灵活的组织架构调整和基础人事事务处理及信息维护需求、满足工资分类管理的薪资管理需求及为员工缴纳各种社会统筹保险等的社会保障福利管理需求。

同时，企业开始出现人力资源分析需求，要求人力资源系统除了提供人事、薪资、社会保障福利等常用报表外，还可以提供各种符合企业个性化需要的自定义报表功能，这些功能基本可以通过人力资源系统的标准模块实现。

3. 精细化管理需求

随着企业的快速成长，企业组织开始重新整合，如把基层人员分成若干产品组，按照产品设立适宜的部门。高层管理者在广泛授权后，又重新开始强调监督，企业的控制体系是通过新型的计划中心、责任中心、利润中心、成本中心和投资中心来组成的。

这一阶段组织会越来越庞大，也越来越分散，组织能力成为战略执行的关键。

这个阶段的人力资源信息面临的主要问题是：如何快速将高层的战略目标层层分解到每个部门、每个员工，并结合企业发展战略，快速创建以能力素质模型为基础的任职管理体系和以绩效管理为核心的评估与激励体系，快速创建由 CEO、HR 经理、业务经理和员工共同组成的战略人力资源管理平台。

这三大类需求概括了目前国内大多数企业对人力资源管理的需求，同时，也为企业分步实施人力资源系统、快速实现人力资源管理信息化提供了一条可行的路径。

在国内，金蝶人力资源管理系统被广泛地运用在以下三类企业。

第一类是希望快速实现人力资源基础管理的企业，这些企业已经初具规模，但缺少基础管理。

第二类是基础已经稳固，已经进入快速发展的企业，通过金蝶人力资源管理系统，快速规范企业管理、优化业务流程，如百度在线网络技术有限公司、汕头超声仪器研究所有限公司、青岛马士基集装箱工业有限公司和上海花园饭店等。

第三类是经历了多年发展、规模庞大的企业集团，通过金蝶人力资源系统，建立人力资源战略管理平台，如深圳中航集团股份有限公司、中国医药集团总公司、华西希望集团和广东省航运集团有限公司等。

五、 快速实现人力资源管理信息化的误区和正确的出发点

（一） 误　区

要快速实现人力资源管理信息化，企业必须根据自身的发展现状和实际需求，制定切实可行的目标。在制定目标时，应该注意避免两个认识误区。

误区一：追求一步到位，功能贪大求全

这是典型的"人力资源"高消费。信息化其实是一个管理项目，它是用来解决企业的管理问题的。企业会发展，软件本身也会发展。一步到位的信息化脱离了人力资源管理的现实需求，既加大了现实的投资成本、延长了实施周期，也增加了未来升级换代的代价。

误区二：人力资源是大企业的事，与中小企业没有什么关系

人力资源管理是随着企业的责权分离现象出现的，只要企业内部开始通过授权分配管理和工作职责，就需要通过人力资源系统实施人力资源管理信息化，手工方式很容易使人力资源管理失去控制，也难以及时提供员工和管理者所需要的人事、培训、薪资和福利信息。

所以，企业在制定人力资源管理信息化的目标时，既不能不顾实际、盲目偏大求全，也不能顾此失彼、避重就轻或放弃人力资源信息化。比较现实的做法是根据企业的发展阶段，逐步实现人力资源系统的不同模块。

如青岛马士基集装箱工业有限公司就采取了分步实施的策略，第一期只实施了金蝶 K/3 快速 HR 软件包的人事管理系统、培训发展系统、招聘选拔系统、薪资福利系统和报表查询系统，还没有实施绩效管理系统。

（二）正确的出发点

不同发展阶段的企业人力资源信息化的出发点会不一样，但都要考虑产品、实施、服务、客户案例几个方面。快速实现人力资源信息化的基本出发点是"快速配置、快速实施、快速应用、快速见效。"

1. 快速配置

快速配置体现的是产品的柔性化、平台化。

快速配置的人力资源管理软件是专门针对快速成长的企业组织结构不稳定、业务流程变化频繁的特点开发的。

不支持快速配置的人力资源系统给企业带来的最大的困扰是组织结构、权限管理和安全管理的维护工作量巨大，系统跟不上企业的变化。

快速配置的人力资源系统还支持系统与其他系统环境的动态集成，比如薪酬管理系统与财务系统的集成。人力资源系统在企业集成环境中可以发挥部分基础管理职能，其组织架构、权限分配、工作流配置、多语言配置同时可以与企业的办公自动化、财务系统、业务系统实现集成和共享，因此，人力资源系统的快速配置对成长型企业非常重要。

2. 快速实施

人力资源管理系统的实施不仅仅是要让系统运行起来，更要通过系统实施，规范人力资源管理流程。

这种改变影响公司每个使用人力资源系统的员工，因此，应该尽量聘请有人力资源管理经验的实施顾问，按照科学的实施方法，分步实施，这是快速实施的基本保障。其次，要充分利用软件的可快速配置特性，解决系统实施中的一些障碍，如金蝶人力资源管理系统支持流程和单据的自定义，这样就加快了系统实施的节奏。

3. 快速应用

企业在实施人力资源系统的时候，应该始终强调这条原则。

人力资源系统的应用是分阶段、分层次的，除了基本的人事系统以外，其他各个模块所体现的业务相对独立，如培训、薪资、福利与绩效管理，这几个模块在快速 HR 软件包中都是可以分步实施的，企业完全可以实施一个模块、应用一个模块（Module by Module），不必等待所有系统的实施准备就绪再投入应用，这体现了可配置管理软件的灵活性和快速 HR 应用软件包的方便性。

4. 快速见效

快速见效是每个企业的期待。每个供应商都会把自己的软件吹得天花乱坠。但客观地说，不同的人力资源管理软件的见效期和投资收益存在着很大的差别。尤其是国外大型人力资源管理软件，投资大、实施周期长，要看到系统见效需要等待很长的时间。企业即使不去怀疑这些软件是否适合中国国情，也可以想象在企业快速变化的情况下，"刻舟求剑"的实施方式的效果。

第四节 办公自动化系统

一、简 介

办公自动化系统（Office Automation System）是利用技术的手段提高办公的效率，进而实现办公自动化处理的系统。它采用 Internet 或 Intranet 技术，基于工作流的概念，使企业内部人员方便快捷地共享信息，高效地协同工作；改变过去复杂的、低效的手工办公方式，实现迅速的、全方位的信息采集、信息处理，为企业的管理和决策提供科学的依据，深受众多企业的青睐。

一个企业实现办公自动化的程度也是衡量其实现现代化管理的标准。办公自动化系统从最初的以大规模采用复印机等办公设备为标志的初级阶段，发展到今天的以运用网络和计算机为标志的阶段，对企业办公方式的改变和效率的提高起到了积极的促进作用。

办公自动化系统可以解决企业的日常管理规范化、增加企业的可控性、提高企业运转的效率等基本问题，范围涉及日常行政管理、各种事项的审批、办公资源的管理、多人多部门的协同办公与各种信息的沟通和传递。可以概括地说，办公自动化系统跨越了生产、销售、财务等具体的业务范畴，更集中关注于企业日常办公的效率和可控性，是企业提高整体运转能力不可缺少的软件工具。

二、功 能

办公自动化系统主要面向组织中的业务管理层，为各种类型的文案工作提供支持，通过应用信息技术支持办公室的各项信息处理工作，协调不同地域间、各职能间和各信息工作者间的信息联系，提高办公活动的工作效率和质量。不同组织中的办公业务是不同的，所以，不同办公系统有很大的区别，

课堂笔记

113

课堂笔记

但一般情况下，办公自动化系统都具有通过文字处理、桌面印刷、电子化文档进行文档管理；通过数字化日历、备忘录进行计划和日程安排；通过桌面型数据库软件进行数据库管理；通过电子邮件、语音信箱、数字化传真和电视会议等形式进行信息联络与沟通的功能。

三、分　类

目前，企业的办公自动化程度可以划分为以下四类：起步较慢，还停留在使用没有联网的计算机，使用 MS Office 系列、WPS 系列应用软件以提高个人办公效率。

已经建立了自己的 Intranet 网络，但没有好的应用系统支持协同工作，仍然是个人办公。网络处在闲置状态，企业的投资没有产生应有的效益。

已经建立了自己的 Intranet 网络，企业内部员工通过电子邮件交流信息，实现了有限的协同工作，但产生的效益不明显。

已经建立了自己的 Intranet 网络；使用经二次开发的通用办公自动化系统；能较好地支持信息共享和协同工作，与外界联系的信息渠道畅通；通过 Internet 发布、宣传企业的产品、技术、服务；Intranet 网络已经对企业的经营产生了积极的效益。现在正着手开发或已经在使用针对业务定制的综合办公自动化系统，实现科学的管理和决策，增强企业的竞争能力，使企业不断发展壮大。

办公自动化已经成为企业界的共识。众多企业认识到尽快进行办公自动化建设，并占据领先地位，将有助于保持竞争优势，使企业的发展形成良性循环。

办公自动化的实施应该考虑企业的实际情况，主要是企业的经济实力。按照上述分析，第一类企业进行办公自动化建设需要较多的投入，既要搭建企业 Intranet 网络，又要开发办公自动化系统，需要企业有较强的经济实力才能完成；而对于第二、第三类企业，由于企业 Intranet 网络已经存在，只是没有或没有好的办公应用系统，所以只需投入相对网络投资少得多的资金，即可开发通用办公自动化系统，产生较高的投资回报。即便一步到位开发综合办公自动化系统的投资也要比网络投资少得多，而产生的经济效益更高；对于第四类企业，由于其办公自动化基础好，只需较少的投资，即可达到目前办公自动化的最高水平。

四、 企业适用范围

1. 信息化尚未入门的企业

由于没有信息化应用基础，先上办公自动化，有利于提高企业各级人员的基本素质与计算机方面的实际操作能力，有利于今后业务领域企业信息化工作的开展。

2. 信息化失败的企业

信息化失败，特别是大型业务管理系统失败，例如，企业资源计划系统，给企业方面的信心打击是十分沉重的，为了重塑信心或者一开始就回避风险，选择办公自动化不失为一种选择。

3. 缺少信息化资金准备的企业

信息化投入一般比较昂贵，在没见到实际效果的时候，多数企业会犹豫不决。因此，对于谨慎型的企业或者资金不充裕的企业，先上办公自动化，有利于企业逐步了解企业信息化及其作用，减少今后信息化工作的盲目性。

4. 已拥有业务管理系统的企业

办公自动化与业务管理系统互为补充，可以丰富并完善企业信息化工作的形式与内容。

实训项目 1　客户关系管理系统操作练习

教学目标：使学生掌握客户关系管理系统的基本功能，操作练习客户关系管理系统。

第一节　系统功能说明

整个 CRM 教学系统业务功能主要包括：营销业务、市场管理、销售预期、报表管理、产品管理、文档管理、客服管理和日历管理八大模块。

模拟操作各个主要功能模块：

（1）线索管理模块操作练习；

（2）客户/联系人模块操作练习；

（3）销售机会管理模块操作练习；

（4）竞争对手管理模块操作练习；

（5）销售预期管理模块操作练习；

（6）报表管理模块操作练习；

（7）日历管理模块操作练习；

（8）设置模块了解练习；

（9）其他模块操作练习；

（10）综合操作练习。

第二节　具体操作练习

（1）分别练习各个功能模块；

（2）对各个功能模块操作进行报表展示。

实训项目 2　人力资源管理信息系统操作练习

教学目标：使学生掌握人力资源管理信息系统的基本功能，操作练习人力资源管理信息系统。

第一节　系统功能说明

（1）工作分析模块练习；

（2）人才测评模块练习；

（3）招聘模块练习；

（4）绩效考核模块练习；

（5）薪酬管理模块练习；

（6）培训与开发模块练习。

第二节　具体操作练习

（1）分别练习各个功能模块；

（2）对各个模块之间的关联性操作进行练习。

实训项目 3　办公自动化系统操作练习

教学目标：使学生掌握办公自动化信息系统的含义、办公自动化系统的基本模块，操作练习办公自动化的各个功能模块。

第一节　系统功能说明

1. 功能简介

2. 公司信息频道

公司信息频道（公司信息的公告栏，每个用户可以浏览、发布有关公司的相关新闻信息）、我的办公室（个人与群体办公实现模块，包括人力资源管理、文档管理、个人邮件管理、公文管理、通讯录和日程任务等等）、信息服务（为组织全体成员提供在线交流的平台，可以进行网络会议、在线投票和自由讨论）。

3. 我的办公室

（1）人力资源管理；

（2）文档管理；

（3）邮件管理；

（4）公文管理；

（5）通讯录管理；

（6）日程任务。

4. 信息服务

（1）网络会议；

（2）在线投票；

（3）自由论坛。

5. 控制面板

（1）个人资料；

（2）审批流与审批流模板管理；

（3）频道管理；

（4）用户确认模式；

（5）用户审核；

（6）用户管理；

（7）日志管理。

第二节　具体操作练习

（1）分别操作练习各个功能模块；

（2）操作练习收发邮件模块；

（3）操作开设网络会议与在线投票模块。

实训项目4　福星酒店信息系统操作练习

教学目标：使学生掌握酒店 KTV 收银系统、酒店客房管理系统、酒店桑拿沐足系统的基本功能，并能够运用该软件进行实际操作。

主要内容：通过讲授福星软件的构成和操作注意事项，演示福星软件的操作流程，促使学生熟练掌握餐饮预订、开台消费和收银的操作过程；熟练掌握前厅房间预订和收银的方法操作，掌握清机、做报表和公共查询的操作；熟练掌握桑拿开台收银、信息查询、制作报表的过程。

主要实训操作包括：

（1）酒店 KTV 收银系统操作练习；

（2）酒店客房管理系统操作练习；

（3）酒店桑拿沐足系统操作练习。

实训项目5　酒店经营管理系统

主要教学目标：通过学习有关酒店计算机管理的相关知识，运用酒店管理的方法指导学生掌握酒店经营管理系统软件的各项操作技能，包括管理端、教师端和学生端。通过操作软件，进入系统扮演不同的角色，能够融入总经理、前台部、餐饮部、客房部、康乐部、财务部、人事部、工程部、销售部九大角色，参与到酒店管理与经营中。

实训内容：通过讲授酒店经营管理系统的构成和操作注意事项，演示酒店经营管理系统的操作流程，希望同学们能够扮演不同角色，参与到酒店管理与经营中。比如：尝试自主设计酒店房型、价格等，并通过酒店行业网站进行宣传营销来吸引客人，以及客人入住与消费的相关信息管理等。

思考题

7.1　简述市场营销信息系统的功能。

7.2　简述客户关系管理信息系统的功能。

7.3　简述人力资源管理信息系统的功能。

7.4　简述办公自动化系统的功能。

第八章　供应链管理信息系统

第一节　供应链

一、定　义

供应链是围绕核心企业，通过对信息流、物流、资金流的控制，从采购原材料开始，制成中间产品及最终产品，最后由销售网络把产品送到消费者手中的，将供应商、制造商、分销商、零售商，直到最终用户连成一个整体的功能网链结构。它不仅是一条连接供应商到用户的物流链、信息链和资金链，而且是一条增值链，物料在供应链上因加工、包装、运输等过程而增加其价值，给相关企业带来收益。

供应链上各企业之间的关系与生物学中的食物链类似。在"草—兔子—狼—狮子"这样一个简单的食物链中（为便于论述，假设在这一自然环境中只生存这四种生物），如果我们把兔子全部杀掉，那么草就会疯长起来，狼也会因兔子的灭绝而饿死，连最厉害的狮子也会因为狼的死亡而慢慢饿死。可见，食物链中的每一种生物之间是相互依存的，破坏食物链中的任何一种生物，势必导致这条食物链失去平衡，最终破坏人类赖以生存的生态环境。

同样道理，在供应链"企业 A—企业 B—企业 C"中，企业 A 是企业 B 的原材料供应商，企业 C 是企业 B 的产品销售商。如果企业 B 忽视了供应链中各要素的相互依存关系，而过分注重自身的内部发展，生产产品的能力不断提高，但如果企业 A 不能及时向它提供生产原材料，或者企业 C 的销售能力跟不上企业 B 产品生产能力的发展，那么可以得出这样的结论：企业 B 生产力的发展不适应这条供应链的整体效率。

二、分 类

1. 根据范围不同分类

内部供应链是指企业内部产品生产和流通过程中所涉及的采购部门、生产部门、仓储部门与销售部门等组成的供需网络。

外部供应链是指企业外部的，与企业相关的产品生产和流通过程中涉及的原材料供应商、生产厂商、储运商、零售商及最终消费者组成的供需网络。

内部供应链和外部供应链的关系：二者共同组成了企业产品从原材料到成品到消费者的供应链。可以说，内部供应链是外部供应链的缩小化。如对于制造厂商，其采购部门就可看作外部供应链中的供应商。它们的区别只在于外部供应链的范围大，涉及企业众多，企业间的协调更困难。

2. 根据企业地位不同分类

根据供应链中企业地位不同，可以将供应链分成盟主型的供应链和非盟主型的供应链。盟主型的供应链是指供应链中某一成员的节点企业在整个供应链中占据主导地位，对其他成员具有很强的辐射能力和吸引能力，通常称该企业为核心企业或主导企业。如：

以生产商为核心的供应链——奇瑞汽车有限公司。

以中间商为核心的供应链——中国烟草系统、香港利丰公司。

以零售商为核心的供应链——沃尔玛、家乐福。

非盟主型的供应链是指供应链中企业的地位彼此差距不大，对供应链的重要程度相同。

三、基本结构

一般来说，构成供应链的基本要素如下。

1. 供应商

供应商指给生产厂家提供原材料或零部件的企业。

2. 厂 家

厂家即产品制造业。产品生产的最重要环节，负责产品生产、开发和售后服务等。

3. 分销企业

分销企业是为实现将产品送到经营地理范围每一角落而设置的产品流通代理企业。

4. 零售企业

零售企业是将产品销售给消费者的企业。

5. 物流企业

物流企业即上述企业之外专门提供物流服务的企业。其中，批发、零售和物流业也可以统称为流通业。

四、流　程

供应链中一般包括物资流通、商业流通、信息流通和资金流通四个流程。四个流程有各自不同的功能及不同的流通方向。

1. 物资流通

这个流程主要是物资（商品）的流通过程，这是一个发送货物的程序。该流程的方向是由供货商经由厂家、批发与物流、零售商等指向消费者。由于长期以来企业理论都是围绕产品实物展开的，因此，目前物资流程被人们广泛重视。许多物流理论都涉及如何在物资流通过程中，在短时间内，以低成本将货物送出去。

2. 商业流通

这个流程主要是买卖的流通过程，这是接受订货、签订合同等的商业流程。该流程的方向是在供货商与消费者之间双向流动的。目前，商业流通形式趋于多元化：既有传统的店铺销售、上门销售、邮购的方式，又有通过互联网等新兴媒体进行购物的电子商务形式。

3. 信息流通

这个流程是商品及交易信息的流程。该流程的方向也是在供货商与消费者之间双向流动的。过去人们往往把重点放在看得到的实物上，因而信息流通一直被忽视，甚至有人认为，国家的物流落后同它们把资金过分投入物质流程而延误对信息的把握不无关系。

4. 资金流通

这个流程就是货币的流通，为了保障企业的正常运作，必须确保资金的及时回收；否则，企业就无法建立完善的经营体系。该流程的方向是由消费者经由零售商、批发与物流、厂家等指向供货商。

五、重　点

1. 流　程

流程指的是为某一特定目的，诸如满足顾客需求，而采取的一项运作、一系列活动。客户对供应商的期望越来越高，不论你的公司规模有多大，也不论你处于什么行业，这都是既存的事实。并且，供应链管理对顾客满意度也是至关重要的。

供应链流程是以满足某一顾客需求为目的的一连串活动。它包括诸如物流、配送、采购、客服、销售、制造和会计在内的所有内部职能及公司外部的相关企业。同时，供应链流程也是一个逆向的过程——从满足客户订单，到通过供应商提供成品、配件和装配来获取每份订单所要的货物。

流程有它的构造，这与一些公司所说的流程不同，他们所说的流程可能只是一系列重复的、相对独立的事务。流程都有其相应的标准，这些标准对于流程所要完成的工作都有其自身的理解。虽然流程有其相应的标准，同样，它在应对现实业务中的突发事件和变化方面也有一定的弹性。

2. 人

组织由人构成，人对供应链的成功起到非常重要的作用。他们需要有实用的专业知识和技能，需要了解仓库、库存、运输和采购的管理与运作方法。他们对每天的作业应该有战术上的见解，而针对他们在供应链上的作用、如何适应供应链及如何促进供应链发展，他们应有战略眼光。

个人成功对于组织文化也是非常重要的，影响到公司内外怎么样看待自己、定义自己与公司的运作方式。组织文化可以是流程的推动力，也可能是抑制剂。如果公司目光短浅，这就会对公司的响应能力产生消极的影响。

同样的，如果组织的设置是层级式的，那么就会对水平式的供应链流程制造障碍。组织模块会使供应链流程产生中断。每个模块都有其内部目标，并共同来完成供应链流程。供应链流程尽管关注的是顾客、销售规划、物流和财务，在各个功能领域，它们可能都会实现最优化，但这可能只是流程的局部优化。

3. 技 术

供应链管理有时会被错误地定义为一种技术。如果流程要是过分强调软硬件，而不是目的，那么它确实可以被定义为技术。

供应链管理软件在销售时，可能被宣称为解决供应链问题的灵丹妙药。这就导致了用户对这些软件的过度期望，而伴随着软件的安装使用和实际上达到的结果，随之而来的又是失望。

第二节 供应链管理

一、 定 义

供应链管理（Supply Chain Management，SCM）作为一个战略概念，以

相应的信息系统技术，将从原材料采购直到销售给最终用户的全部企业活动集成在一个无缝流程中。

二、意　义

1. 提高客户满意度

这是供应链管理与优化的最终目标，供应链管理和优化的一切方式、方法，都是朝向这个目标而努力的，这个目标同时也是企业赖以生存的根本。

2. 提高企业管理水平

供应链管理与优化的重要内容就是流程上的再造与设计，这对提高企业管理水平和管理流程，具有不可或缺的作用。同时，随着企业供应链流程的推进和实施、应用，企业管理的系统化和标准化将会有极大的改进，这些都有助于企业管理水平的提高。

3. 节约交易成本

结合电子商务整合供应链，将大大降低供应链内各环节的交易成本，缩短交易时间。

4. 降低存货水平

通过扩展组织的边界，供应商能够随时掌握存货信息、组织生产、及时补充，因此，企业已无必要维持较高的存货水平。

5. 降低采购成本

促进对供应商的管理。由于供应商能够方便地取得存货和采购信息，应用于采购管理的人员等都可以从这种低价值的劳动中解脱出来，从事具有更高价值的工作。

6. 减少循环周期

通过供应链的自动化，预测的精确度将大幅度地提高，这将导致企业不仅能生产出需要的产品，而且能减少生产的时间，提高顾客满意度。

7. 收入和利润增加

通过组织边界的延伸，企业能履行它们的合同、增加收入，并维持和增加市场份额。

8. 网络的扩张

供应链本身就代表着网络，一个企业建立了自己的供应链系统，本身就已经建立起了业务网络。

课堂笔记

三、 供应链电子商务的主要功能

1. 在线订货

企业通过企业资源计划系统将产品目录及价格发布在在线订货平台上，经销商通过在线订货平台直接订货，并跟踪订单后续处理状态，通过可视化订货处理过程，实现购销双方订货业务协同，提高订货处理效率及数据准确性。企业接收经销商提交的网上订单，依据价格政策、信用政策和存货库存情况，对订单进行审核确认与后续的发货及结算。

2. 经销商库存

通过经销商网上确认收货，自动增加经销商库存，减少信息的重复录入；提升了经销商数据的及时性和准确性；通过经销商定期维护出库信息，帮助经销商和企业掌握准确的渠道库存信息，消除"牛鞭效应"，辅助企业业务决策。

3. 在线退货

企业通过在线订货平台，接收经销商提交的网上退货申请，依据销售政策、退货类型等，对申请进行审核确认，经销商通过订单平台，实时查看退货申请的审批状态，帮助企业提高退货处理效率。

4. 在线核对账目

通过定期从企业资源计划系统自动取数生成对账单，经销商上网即可查看和确认对账单，帮助企业提高对账效率，减少对账过程的分歧，加快资金的良性循环。

第三节　供应链管理系统

一、 介　绍

供应链管理系统是基于协同供应链管理的思想，配合供应链中各实体的业务需求，使操作流程和信息系统紧密配合，做到各环节无缝连接，形成物流、信息流、单证流、商流和资金流五大流程合一的领先模式。实现整体供应链可视化、管理信息化、整体利益最大化、管理成本最小化，从而提高总体水平。

二、 功　能

（1）供应链管理系统能连接全程供应链的各个环节，建立标准化的操作流程。

（2）缩短订单处理时间，提高订单处理效率和订单满足率，降低库存水平，提高库存周转率，减少资金积压。

（3）实现生产运营的协同化、一体化。

三、价　值

（1）通过系统操作实现信息贯通，数据流配合物流无损传输，实施监控。

（2）平台全电子化操作打破了原先 70% 的订单都是手工操作的局面，优化、精简工作流程，订单处理时间缩短至原来的 1/3，订单处理成本降至原来的 50%，提高产品的传输效率和周转速度。

（3）供应链协同管理使供应链上的各类实体可以实时共享信息，有助于降低整体供应链的库存水平，减少资金积压，加快资金流动。

（4）消除由于信息不连通所造成的误差，为支付结算提供有效依据。

（5）通过供应链管理平台，制造商、供应商、分销商和零售商等供应链上的各类实体都能保持良好的合作关系和共荣关系，围绕平台的核心商业价值，降低运营成本及风险，提高自身的综合实力和核心竞争力，实现商业圈的繁荣和共赢。

四、适用对象

供应链中的供应商、制造商、代理分销商、物流服务商、零售商和终端客户等实体。

第四节　横向一体化与纵向一体化

企业增长在战略上可分为一体化扩张和多样化扩张。一体化扩张又可分为横向一体化和纵向一体化。

一、横向一体化

1. 含　义

横向一体化战略也叫水平一体化战略，是指为了扩大生产规模、降低成本、巩固企业市场地位、提高企业竞争优势和增强企业实力而与同行业企业进行联合的一种战略。

课堂笔记

实质是资本在同一产业和部门内的集中,目的是实现扩大规模、降低产品成本与巩固市场地位。国际化经营是横向一体化的一种形式。

2.准 则

(1)规模的扩大可以提供很大的竞争优势时;

(2)企业具有成功管理更大规模企业所需要的资金和人才时;

(3)竞争者经营不善而发展缓慢或停滞时。

以上准则不是绝对的,应灵活运用,观察、研究现实中的战略案例,有助于有效运用相关战略。

3.优缺点

采用横向一体化战略,企业可以有效地实现规模经济,快速获得互补性的资源和能力。此外,通过收购或合作的方式,企业可以有效地建立与客户之间的固定关系,遏制竞争对手的扩张意图,维持自身的竞争地位和竞争优势。

不过,横向一体化战略也存在一定的风险,如过度扩张所产生的巨大生产能力对市场需求规模和企业销售能力都提出了较高的要求;同时,在某些横向一体化战略(如合作战略)中,还存在技术扩散的风险;此外,组织上的障碍也是横向一体化战略所面临的风险之一,如"大企业病"、并购中存在的文化不融合现象等。

二、 纵向一体化

经济学上,整合沿着产业链的若干环节的业务布局叫作纵向一体化(垂直一体化)。纵向一体化是企业在两个可能的方向上扩展现有经营业务的一种发展战略,它包括前向一体化和后向一体化。

1.类 别

(1)前向一体化。前向一体化战略是企业自行对本公司产品作进一步深加工,或者资源进行综合利用,或公司建立自己的销售组织来销售本公司的产品或服务。如钢铁企业自己轧制各种型材,并将型材制成各种不同的最终产品,即属于前向一体化。

前向一体化战略在许多行业均有应用,比如IT行业、家电行业和汽车行业,渠道往往成为决定制造企业命运的重要力量,加强对渠道的控制,建立自己掌控的营销系统,成为许多企业成功的重要因素。

(2)后向一体化。它是企业自己供应生产现有产品或服务所需要的全部或部分原材料或半成品,如钢铁公司自己拥有矿山和炼焦设施,纺织厂自己纺纱、洗纱等。

2. 优　势

（1）带来经济性。采取这种战略后，企业将外部市场活动内部化，有如下经济性：内部控制和协调的经济性；信息的经济性；（信息的获得很关键）节约交易成本的经济性；稳定关系的经济性。

（2）有助于开拓技术。在某些情况下，纵向一体化提供了进一步熟悉上游或下游经营相关技术的机会。这种技术信息对基础经营技术的开拓与发展非常重要。如许多领域内的零部件制造企业发展前向一体化体系，就可以了解零部件是如何进行装配的技术信息。

（3）确保供给和需求。纵向一体化能够确保企业在产品供应紧缺时得到充足的供应，或在总需求很低时能有一个畅通的产品输出渠道。也就是说，纵向一体化能减少上下游企业随意中止交易的不确定性。当然，在交易过程中，内部转让价格必须与市场接轨。

（4）削弱供应商或顾客的价格谈判能力。如果一个企业在与它的供应商或顾客做生意时，供应商和顾客有较强的价格谈判能力，且他的投资收益超过了资本的机会成本（机会成本是指为了得到某种东西所必须放弃的东西），那么，即使他不会带来其他益处，企业也值得去做。因为一体化削弱了对手的价格谈判能力，这不仅会降低采购成本（后向一体化），或者提高价格（前向一体化），还可以通过减少谈判的投入而提高效益。

（5）提高差异化能力。纵向一体化可以通过在管理层控制的范围内提供一系列额外价值，来改进本企业区别于其他企业的差异化能力。（核心能力的保持）例如：云南玉溪烟厂为了保证生产出高质量的香烟，对周围各县的烟农进行扶持，使他们专为该烟厂提供高质量的烟草；葡萄酒厂拥有自己的葡萄产地也是一种一体化的例证。同样，有些企业在销售自己的技术复杂的产品时（中国第一汽车集团公司），也需要拥有自己的销售网点，以便提供标准的售后服务。

（6）提高进入壁垒。企业实行一体化战略，特别是纵向一体化战略，可以使关键的投入资源和销售渠道控制在自己的手中，从而使行业的新进入者望而却步，防止竞争对手进入本企业的经营领域。企业通过实施一体化战略，不仅保护了自己原有的经营范围，而且扩大了经营业务，同时还限制了所在行业的竞争程度，使企业的定价有了更大的自主权，从而获得较大的利润。例如，IBM 公司即是采用纵向一体化的典型。该公司生产微机的微处理器和记忆晶片，设计和组装微机，生产微机所需的软件，并直接销售最终产品给用户。IBM 公司采用纵向一体化的理由是，该公司生产的许多微机零部件和软件都有专利，只有在公司内部生产，竞争对手才不能获得这些专利，从而形成进入障碍。

（7）进入高回报产业。企业现在利用的供应商或经销商有较高的利润，这意味着他们经营的领域属于十分值得进入的产业。在这种情况下，企业通过纵向一体化，可以提高其总资产回报率，并可以制定更有竞争力的价格。

（8）防止被排斥。如果竞争者们是纵向一体化企业，一体化就具有防御的意义。因为竞争者的广泛一体化能够占有许多供应资源或者拥有许多称心的顾客或零售机会。因此，为了防御的目的，企业应该实施纵向一体化战略，否则面临着被排斥的处境。

3. 局限性

（1）带来风险。纵向一体化会提高企业在行业中的投资，提高退出壁垒，从而增加商业风险（行业低迷时该怎么办），有时甚至还会使企业不可能将其资源调往更有价值的地方。由于在所投资的设施耗尽以前放弃这些投资，成本很大，所以，纵向一体化的企业对新技术的采用常比非一体化企业要慢一些。

（2）代价昂贵。纵向一体化迫使企业依赖自己的场内活动而不是外部的供应源，而这样做所付出的代价可能随着时间的推移而变得比外部寻源还昂贵。产生这种情况的原因有很多。例如，纵向一体化可能切断来自供应商及客户的技术流动。如果企业不实施一体化，供应商经常愿意在研究、工程等方面积极支持企业。再如，纵向一体化意味着通过固定关系来进行购买和销售。反过来，在从一体化企业内部某个单位购买产品时，企业不会像与外部供应商做生意时那样激烈地讨价还价。因此，内部交易会减弱员工降低成本的机会、改进技术的积极性。

（3）不利于平衡。纵向一体化有一个在价值链的各个阶段平衡生产能力的问题。价值链上各个活动最有效的生产运作规模可能不大一样，这就使得完全一体化很不容易达到。

案例阅读

东蓝科技 SCM 供应链管理系统

一、产品简介

宁波东海蓝帆科技有限公司（以下简称东蓝科技）是宁波市最大、综合实力最强的软件公司，以企业信息化为使命，改造传统产业，提升企业的核心竞争力。东蓝科技具有强大的咨询队伍和丰富的建设经验，经过对化工行业供应链应用周密、详细的市场调研，结合国内外供应链应用状况，统筹考虑，架构了一套安全、可靠、完善、高效、实用、可扩充性良好的"SCM 供应链管理系统"。

二、技术特点

（1）建立完善的采购管理流程，提高采购管理平台；

（2）建立完整的采购管理信息库；

（3）提高采购管理效率，降低采购成本，减少采购过程，特别是工程建设过程中的物资库存；

（4）建立标准、准确的采购技术文档；

（5）提供集团采购功能；

（6）了解彼此库存信息；

（7）供应商信息和价格信息共享；

（8）统一采购，节约采购成本；

（9）合同信息共享。

三、系统网络结构

"SCM 供应链管理系统"拟架构在企业原有内部局域网基础上，并利用互联网，系统网络结构如图 8-1 所示。

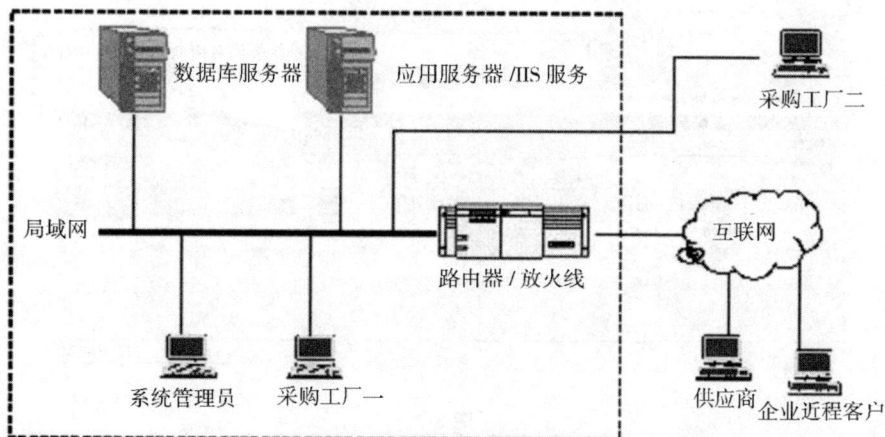

图 8-1　系统网络结构图

四、系统主要模块

（1）项目管理模块。如图 8-2 所示是系统主要界面。

系统主窗口界面

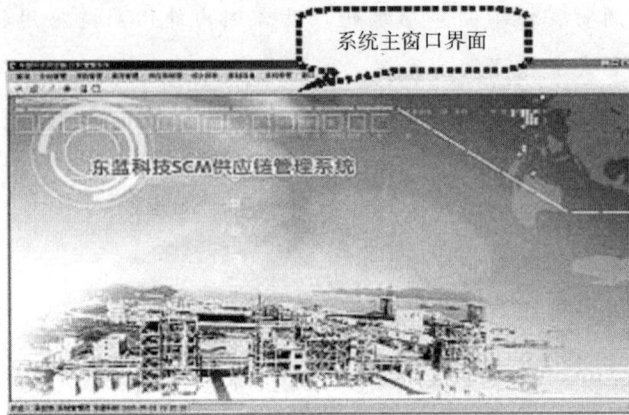

图 8-2

（2）请购管理模块。请购单由企业实际需要，可以按照部门或工序进行申请。

有完善的审批流程可供选择，根据物资编码级别，可自动提交审批或人工提交审批。

项目请购单可以进行版次比对

系统提供对请购单的预算功能，可以查看采购物资预算成本

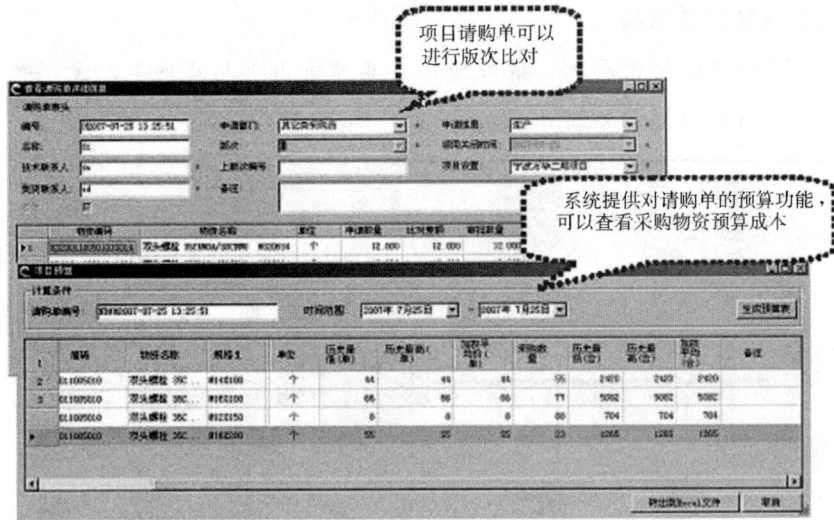

图 8-3

（3）采购计划管理模块。提供完善的工作流审批功能。

①请购单汇总：可将不同采购工厂的相同物资汇总到同一个采购员，以实现集团采购。

②汇总的采购计划：可以为采购员提供整个采购工厂所有该种物资采购、计划、在途及库存情况，并自动提供建议采购数量。系统还提供自动的安全库存检

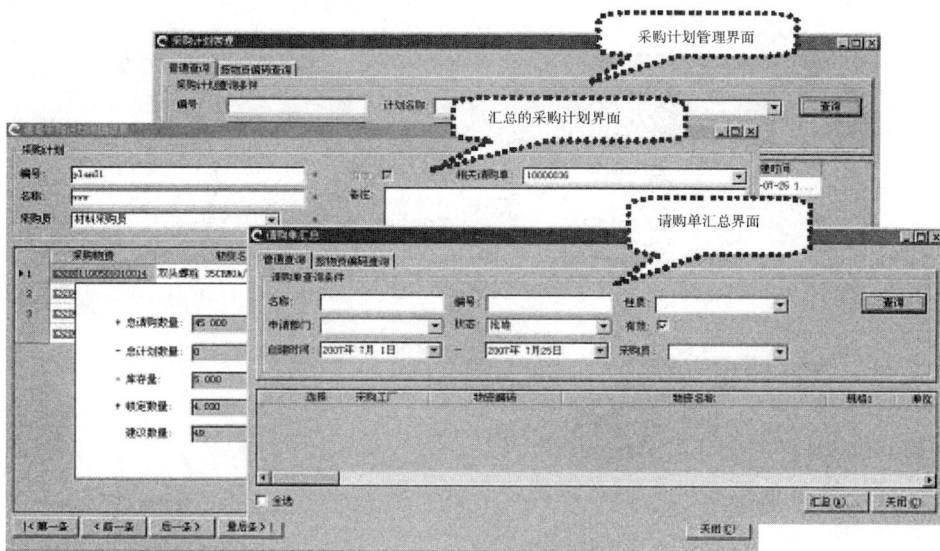

图 8-4

查功能，及时将低于安全库存上限的物资情况提供给管理物资的采购员。

（4）招投标管理模块。招标管理活动分为网上网下两部分，网下部分功能为：采购员根据采购计划制定招标活动（根据物资情况自动产生有资格投标的供应商目录、上传招标文件）、发标管理（发标后选中的供应商可在网上投标，到开标时间就终止投保）、开标管理（采购员下载供应商投保文件）、评标管理（采购经理或采购员上传评标文件）。

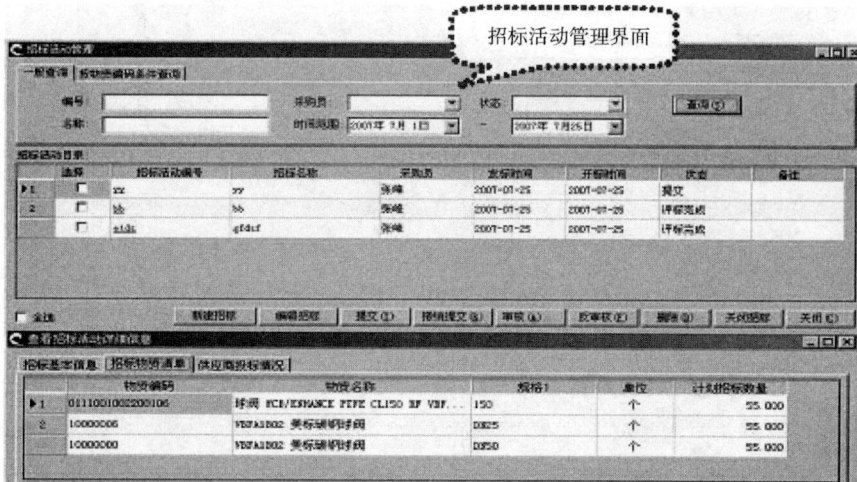

图 8-5

（5）合同管理模块。采购员可手工创建或根据招标、入库单、采购计划、请购单自动生成采购合同。

合同管理具有完善的合同审批流程。

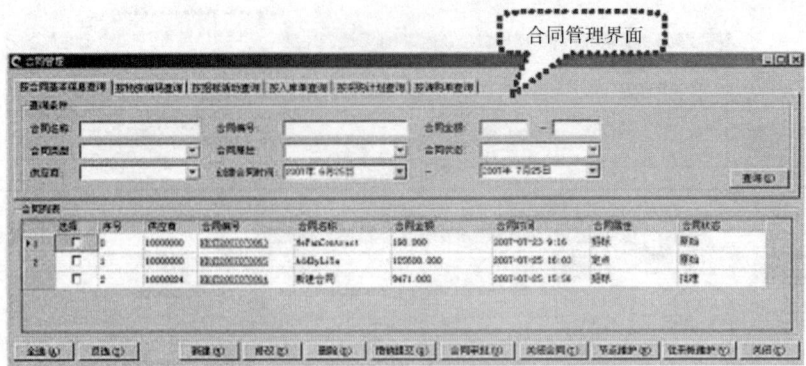

图 8-6

（6）往来账管理模块。包括发票管理、付款计划管理、付款管理、发票入库单、发票合同、付款合同付款节点、付款计划合同付款节点等功能。提供十分完善的供应商往来账情况，并能自动提醒采购员及时监管合同执行节点和及时制定付款计划。

（7）供应商管理模块。采购员可查询其相关供应商的各方面信息，例如，基本信息、相关合同信息和相关投标活动等。系统可以像网页一样，提供自动链接功能。

其中的供应商采用分级制，企业可自定义考核指标，考核文件可上传，提供质量及交期合格率。

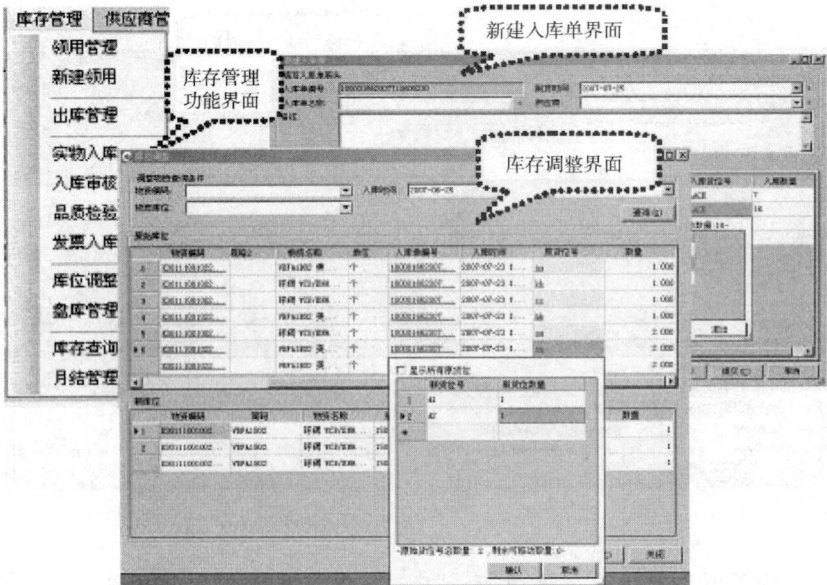

图 8-7

（8）库存管理模块。包括以下库存管理功能，能够提供实时、有效的物品库存信息。物资实物入库提交之后，就可以领用，并且自动提交到采购员和检验员处审核及检验质量。库存操作十分烦琐，本系统提供十分方便的操作界面，可以大大减轻仓库管理人员电脑操作的强度。

（9）项目管理模块。

思考题

8.1　什么是供应链？

8.2　简述供应链中的各个流程。

8.3　供应链管理系统有哪些功能？

8.4　简述横向一体化与纵向一体化的区别。

8.5　简述前向一体化与后向一体化的优缺点。

第九章　生产企业信息系统

第一节　生产方式

一、批量生产

（一）批　量

批量是指企业（或车间）在一定时期内，一次出产的，在质量、结构和制造方法上完全相同产品（或零部件）的数量。

批量生产具有多品种加工的能力，成批轮番加工制造产品的生产类型，其批量大小不一，一般同时采用专用设备及通用设备进行生产。

正确选择批量大小和合理确定批量的间隔生产期，对提高批量生产的经济效益十分重要。大批量生产比小批量生产更节约原材料，减少机器设备和工具的更换时间，可以大批购进原材料；工人能够比较长期地从事一种作业，易于提高劳动的熟练程度，因而劳动生产率较高、经济效益较好。但是，批量并不是越大越好。如果批量过大，会造成生产周期长，原材料、半成品存储量过多，从而要占用较多的资金和较大的生产面积，影响经济效益的提高。企业要经济、合理地组织批量生产，必须根据社会需求、市场预测、产品成本和机器设备利用状况等多种因素，确定合适的批量生产。确定批量生产的方法很多，经济订货批量法就是其中的一种。

（二）经济订货批量概述

1. 含　义

经济订货批量（Economic Order Quantity，EOQ）用来确定企业一次订货（外购或自制）成本最低的数量。

当企业按照经济订货批量的数量来订货时，可实现订货成本和储存成本之和最小化。

2. 基本模型的假设条件

经济订货批量的基本模型是建立在以下假设条件基础上的：① 企业能够及时补充存货，即需要订货时便可以立即取得存货；② 能够集中到货，而不是陆续入库；③ 不允许缺货，即缺货成本为零，因为良好的存货管理是不应该出现缺货成本的；④ 需求量稳定，并且可以预测，即 D 为已知常量；⑤ 存货单价不变，不考虑现金折扣，即 U 为已知常量；⑥ 企业现金充足，不会因为现金短缺而影响进货；⑦ 所需存货的市场供给充足，不会因为买不到需要的存货而影响其他。

3. 计　算

（1）订货成本。是指从发出订单到收到存货整个过程中所付出的成本，如订单处理成本（包括办公成本和文书成本）、运输费、保险费及装卸费等。

订货成本有一部分与订货次数无关，称为订货的固定成本，用 F_1 表示。另一部分与订货次数有关，称为订货的变动成本，每次订货的变动成本用 K 表示。订货次数等于存货年需求量 D 与每次进货量 Q 之商。其公式为：

订货成本：$TC_1 = F_1 + \dfrac{D}{Q}K$

（2）购置成本。

$$TC_2 = DU（U \text{ 表示单价}）$$

（3）储存成本。它是指企业为储存存货而发生的各种费用支出，如仓储费、保管费、搬运费、保险费、存货占用资金支付的利息费、存货残损和变质损失等。

存货的储存成本分为变动性储存成本和固定性储存成本。变动性储存成本与储存存货的数量成正比，储存的存货数量越多，变动性成本就越高，如存货占用资金的利息费、存货的保险费、存货残损和变质损失等。固定性储存成本与存货的储存数量无关，如仓库折旧费、仓库保管人员的固定月工资等。

储存成本：$TC_3 = F_2 + \dfrac{Q}{2}K_c$（$F_2$ 表示固定性储存成本；K_c 表示单位变动成本；$\dfrac{Q}{2}$ 表示平均库存量，在此表示库存产品数量。）

（4）总成本。

总成本：$TC = F_1 + \dfrac{D}{Q}K + DU + F_2 + \dfrac{Q}{2}K_c$

135

假定 F_1,K,D,U,F_2,K_C 为常数，对总成本求导，令其为零，得出经济订货批量。

（5）经济订货批量公式。

$$Q^* = \sqrt{\frac{2DK}{K_C}}$$

式中，Q^*——经济订货批量；

K——每次订货的变动成本；

D——年总需求量；

K_C——单位变动储存成本。

4. 评　价

在现实中满足假设条件的情况毕竟是少数，所以，对经济批量的理论有许多批评，但并不是批评该方法在内容上的不足之处，而是批评那种不顾实际情况而不适当地、随便使用这种方法的态度。伯比奇教授在 1978 年出版的著作《生产管理原理》中，对经济批量提出的批评大略如下。

（1）它是一项鲁莽的投资政策——不顾有多少可供使用的资本，就确定投资的数额。

（2）它强行使用无效率的多阶段订货办法，根据这种办法，所有的部件都可以在不同的周期足额提供。

（3）它回避准备阶段的费用，更谈不上分析及降低这项费用。

（4）它与一些成功的企业经过实践验证的工业经营思想格格不入。似乎那些专心要提高库存物资周转率，以期把费用减少到最低限度的公司会比物资储备膨胀的公司获得更多的利益。其他反对意见则认为，最低费用的订货批量并不一定意味着获利最多。

二、 精益生产方式

1. 含　义

精益生产方式（Lean Production，LP），指以顾客需求为拉动，以消灭浪费和快速反应为核心，使企业以最少的投入获取最佳的运作效益和提高对市场的反应速度。

其核心就是精简，通过减少和消除产品开发设计、生产、管理与服务中一切不产生价值的活动（即浪费），缩短对客户的反应周期，快速实现客户价值增值和企业内部增值，增加企业资金回报率和企业利润率。

精益生产方式是美国麻省理工学院数位国际汽车计划组织的专家对日本

丰田准时化生产 JIT（Just In Time）生产方式的赞誉称呼。精，即少而精，不投入多余的生产要素，只是在适当的时间生产必要数量的市场急需产品（或下道工序急需的产品）；益，即所有经营活动都要有益有效，具有经济效益。

精益生产方式 JIT 既是一种以最大限度地减少企业生产所占用的资源和降低企业管理与运营成本为主要目标的生产方式，又是一种理念、一种文化。实施精益生产方式 JIT 就是决心追求完美、追求卓越，就是精益求精、尽善尽美，为实现七个零的终极目标而不断努力。它是支撑个人与企业生命的一种精神力量，也是在永无止境的学习过程中获得自我满足的一种境界。

2. 实　质

管理过程包括：

（1）人事组织管理的优化，大力精简中间管理层，进行组织扁平化改革，减少非直接生产人员；

（2）推行生产均衡化、同步化，实现零库存与柔性生产；

（3）推行全生产过程（包括整个供应链）的质量保证体系，实现零不良；

（4）减少和降低任何环节上的浪费，实现零浪费；

（5）最终实现拉动式准时化生产方式。

精益生产方式 JIT 要求消除一切浪费，追求精益求精和不断改善，去掉生产环节中一切无用的东西，每个工人及其岗位的安排原则是必须增值，撤除一切不增值的岗位；精简产品开发设计、生产和管理中一切不产生附加值的工作。其目的是以最优品质、最低成本和最高效率对市场需求作出最迅速的响应。

3. 原　则

原则 1：消除八大浪费

企业中普遍存在的八大浪费涉及：过量生产、等待时间、运输、库存、过程（工序）、动作、产品缺陷及忽视员工创造力。

原则 2：关注流程，提高总体效益

改进流程要注意目标是提高总体效益，而不是提高局部的部门的效益，为了企业的总体效益，即使牺牲局部的部门的效益也在所不惜。

原则 3：建立无间断流程以快速应变

建立无间断流程，将流程中不增值的无效时间尽可能压缩，以缩短整个流程的时间，从而快速应变顾客的需要。

原则 4：降低库存

需要指出的是，降低库存只是精益生产中的一种手段，目的是为了解决问题和降低成本，而且低库存需要高效的流程、稳定可靠的品质来保证。

原则 5：全过程的高质量

力求一次做对，所以，精益生产必须以全过程的高质量为基础。

原则 6：基于顾客需求的拉动生产

JIT 的本意是：在需要的时候，仅按照所需要的数量生产，生产与销售是同步的。也就是说，按照销售的速度来进行生产，这样就可以保持物流的平衡，任何过早或过晚的生产都会造成损失。

原则 7：标准化与工作创新

标准化不是僵化，标准需要不断地创新和改进。

原则 8：尊重员工，给员工授权

在丰田公司，员工实行自主管理，在组织的职责范围内自行其是，不必担心因工作上的失误而受到惩罚，出错一定有其内在的原因，只要找到原因，施以对策，下次就不会出现了。

原则 9：团队工作

在精益企业中，灵活的团队工作已经变成了一种最常见的组织形式，有时候，同一个人同时分属于不同的团队，负责完成不同的任务。

最典型的团队工作莫过于丰田的新产品发展计划，该计划由一个庞大的团队负责推动，团队成员来自各个不同的部门，有营销、设计、工程、制造和采购等，他们在同一个团队中协同作战，大大缩短了新产品推出的时间，而且质量更高、成本更低，因为从一开始很多问题就得到了充分的考虑，在问题带来麻烦之前，就已经为专业人员所解决。

原则 10：满足顾客需要

满足顾客需要就是要持续地提高顾客满意度。

原则 11：精益供应链

在精益企业中，供应商是企业长期运营的宝贵财富，是外部合伙人，他们信息共享，风险与利益共担，一荣俱荣、一损俱损。遗憾的是，很多国内企业在实施精益生产时，与这种精益理念背道而驰，为了达到"零库存"的目标，将库存全部推到供应商那里，弄得供应商怨声载道："你的库存倒是减少了，而我的库存却急剧增加。"精益生产的目标是降低整个供应链的库存。不花力气进行流程改造，只是简单地将库存从一个地方转移到另一个地方，是不解决任何问题的。

原则 12："自我反省"和"现地现物"

"自我反省"的目的是要找出自己的错误，不断地自我改进。"现地现物"则倡导无论职位高低，每个人都要深入现场，彻底了解事情发生的真实情况，基于事实进行管理。在国内的上市公司中，中国国际海运集装箱股份有限公司可以说是出类拔萃，在它下属的十几家工厂中，位于南通的工厂一直做得最好，其中一个重要原因就是南通中国国际海运集装箱股份有限公司的领导层遵循了"现地现物"的思想，高层领导每天都要抽出时间到生产一线查看了解情况、解决问题。

4. 特　点

（1）拉动式准时化生产。以最终用户的需求为生产起点，强调物流平衡，追求零库存，要求上一道工序加工完的零件立即可以进入下一道工序。

组织生产线依靠一种被称为看板的形式。即由看板传递下道向上退需求的信息（看板的形式不限，关键在于能够传递信息）。生产中的节拍可由人工干预、控制，但重在保证生产中的韧流平衡（对于每一道工序来说，即为保证对后退工序供应的准时化）。由于采用拉动式生产，生产中的计划与调度实质上是由各个生产单元自己完成的，在形式上不采用集中计划，但操作过程中生产单元之间的协调则极为必要。

（2）全面质量管理。强调质量是生产出来而非检验出来的，由生产中的质量管理来保证最终质量，生产过程中对质量的检验与控制在每一道工序都进行。重在培养每名员工的质量意识，在每一道工序进行时，注意质量的检测与控制，保证及时发现质量问题。如果在生产过程中发现质量问题，根据情况，可以立即停止生产，直至解决问题，从而保证不出现对不合格品的无效加工。

对于出现的质量问题，一般是组织相关的技术与生产人员作为一个小组，一起协作，尽快解决。

（3）团队工作法。（Team Work）。每名员工在工作中不仅是执行上级的命令，更重要的是积极地参与，起到决策与辅助决策的作用。组织团队的原则并不完全按照行政组织来划分，而主要根据业务的关系来划分。团队成员强调一专多能，要求能够比较熟悉团队内其他工作人员的工作，保证工作协调的顺利进行。团队人员工作业绩的评定受团队内部的评价的影响（这与日本独特的人事制度关系较大）。团队工作的基本氛围是信任，以一种长期的监督控制为主，而避免对每一步工作的稽核，提高工作效率。团队的组织是变动的，针对不同的事物，建立不同的团队，同一个人可能属于不同的团队。

（4）并行工程。在产品的设计开发期间，将概念设计、结构设计、工艺设计和最终需求等结合起来，保证以最快的速度按照要求的质量完成。各项工作由与此相关的项目小组完成。进程中小组成员各自安排自身的工作，但可以定期或随时反馈信息，并对出现的问题进行协调解决。依据适当的信息系统工具，反馈与协调整个项目的进行。利用现代 CIM 技术，在产品的研制与开发期间，辅助项目进程的并行化。

三、 敏捷制造

（一）含 义

将柔性生产技术、有技术有知识的劳动力与能够促进企业内部和企业之间合作的灵活管理集中在一起，通过所建立的共同基础结构，对迅速改变的市场需求和市场进度作出快速响应的一种生产方式。

敏捷制造（Agile Manufacturing）是美国国防部为了指定 21 世纪制造业发展而支持的一项研究计划。该计划始于 1991 年，有 100 多家公司参加，由通用汽车公司、波音公司、IBM 公司、德州仪器公司、AT & T 公司、摩托罗拉等 15 家著名大公司和国防部代表共 20 人组成了核心研究队伍。此项研究历时 3 年，于 1994 年底提出了《21 世纪制造企业战略》。在这份报告中，提出了既能体现国防部与工业界各自的特殊利益，又能获取他们共同利益的一种新的生产方式，即敏捷制造。

敏捷制造是在具有创新精神的组织和管理结构、先进制造技术及有技术有知识的管理人员三大类资源支柱支撑下得以实施的。

（二）三要素

1. 柔性生产技术

未来制造业中强调人的作用，并不是贬低技术所起的作用。计算机辅助设计、辅助制造、计算机仿真与建模分析技术，都应在敏捷企业中加以应用。人工智能在生产和经营过程中的应用，是另一个重要的先进技术的标志。

总之，要加强企业信息、知识网络化建设。

要求未来中小企业必须拥有自己的核心能力。加强技术创新，实施专业化生产，实现"小而专""小而特""小而优""小而强"，使人力、物力和财力得以迅速集中、快速反应，将是企业具有参与合作资格及实施敏捷制造的前提。

2. 柔性管理技术

首先，敏捷制造在管理上所提出的最为创新的思想之一是"虚拟公司"。

敏捷制造认为，新产品投放市场的速度是当今最重要的竞争优势。推出新产品最快的办法是利用不同公司的资源，使分布在不同公司内的人力资源和物资资源能随意互换，然后把它们综合成单一的、靠电子手段联系的经营实体——虚拟公司，以完成特定的任务。也就是说，虚拟公司就像专门完成特定计划的一家公司一样，只要市场机会存在，虚拟公司就存在；该计划完成了，市场机会消失了，虚拟公司就解体了。能够经常形成虚拟公司的能力将成为企业一种强有力的竞争武器。

只要能把分布在不同地方的企业资源集中起来，敏捷制造企业就能随时构成虚拟公司。在美国，虚拟公司将运用国家工业网络——全美工厂网络，把综合性工业数据库与服务结合起来，以便能够使公司集团创建并运作虚拟公司，排除多企业合作和建立标准合法模型的法律障碍。这样，组建虚拟公司就像是成立一个公司那样简单。

有些公司总觉得独立生产比合作要好，这种观念必须要破除。应当把克服与其他公司合作的组织障碍作为首要任务，而不是作为最后任务。此外，需要解决因为合作而产生的知识产权问题，需要开发管理公司、调动人员工作主动性的技术，寻找建立与管理项目组的方法，以及建立衡量项目组绩效的标准，这些都是艰巨的任务。

其次，敏捷制造企业应具有组织上的柔性。

因为先进工业产品及服务的激烈竞争环境已经开始形成，越来越多的产品要投入瞬息万变的世界市场上去参与竞争。产品的设计、制造、分配和服务将用分布在世界各地的资源（公司、人才、设备与物料等）来完成。制造公司需要日益满足各个地区的客观条件。这些客观条件不仅反映社会、政治和经济价值，而且反映人们对环境安全、能源供应能力等问题的关心。在这种环境中，采用传统的纵向集成形式，企图"关起门来"，什么都自己做，是注定要失败的，必须采用具有高度柔性的动态组织结构。根据工作任务不同，有时可以采取内部多功能团队形式，请供应者和用户参加团队；有时可以采用与其他公司合作形式；有时可以采取虚拟公司形式。有效地运用这些手段，就能充分地利用公司的资源。

3. 高素质人力资源

敏捷制造在人力资源上的基本思想是，在动态竞争的环境中，关键的因素是人员。柔性生产技术和柔性管理要使敏捷制造企业的人员能够实现他们自己提出的发明和合理化建议。没有一个一成不变的原则来指导此类企业的运行。唯一可行的长期指导原则是提供必要的物质资源和组织资源，支持人员的创造性和主动性。

在敏捷制造时代，产品和服务的不断创新与发展，制造过程的不断改进，是竞争优势的同义语。敏捷制造企业能够最大限度地发挥人的主动性。有知识的人员是敏捷制造企业中唯一宝贵的财富。

因此，不断对人员进行教育，不断提高人员素质，是企业管理层应该积极支持的一项长期投资。

每一个雇员消化吸收信息、对信息中提出的可能性作出创造性响应的能力越强，企业可能取得的成功就越大。对于管理人员和生产线上具有技术专长的工人都是如此。科学家和工程师参加战略规划与业务活动，对敏捷制造企业来说，是带有决定性的因素的。在制造过程的科技知识与产品研究开发的各个阶段，工程专家的协作是一种重要资源。

敏捷制造企业中的每一个人都应该认识到柔性可以使企业转变为一种通用工具，这种工具的应用仅仅取决于人们对于使用这种工具进行工作的想象力。大规模生产企业的生产设施是专用的，因此，这类企业是一种专用工具。与此相反，敏捷制造企业是连续发展的制造系统，该系统的能力仅受人员的想象力、创造性和技能的限制，而不受设备限制。敏捷制造企业的特性支配着它在人员管理上所持有的、完全不同于大量生产企业的态度。管理者与雇员之间的敌对关系是不能容忍的，这种敌对关系限制了雇员接触有关企业运行状态的信息。信息必须完全公开，管理者与雇员之间必须建立相互信赖的关系。工作场所不仅要信息完全公开，而且对在企业的每一个层次上从事脑力创造性活动的人员都要有一定的吸引力。

（三）特　点

1. 从产品开发到产品生产周期的全过程满足要求

敏捷制造采用柔性化、模块化的产品设计方法和可以重组的工艺设备，使产品的功能和性能可根据用户的具体需要进行改变，并借助仿真技术，可让用户很方便地参与设计，从而很快地生产出满足用户需要的产品。

它对产品质量的概念是，保证在整个产品生产周期内达到用户满意；企业的质量跟踪将持续到产品报废，甚至直到产品的更新换代。

2. 采用多变的动态组织结构

21 世纪，衡量竞争优势的准则在于企业对市场反应的速度和满足用户的能力。而要提高这种速度和能力，必须以最快的速度把企业内部的优势和企业外部不同公司的优势集中在一起，组成灵活的经营实体，即虚拟公司。

课堂笔记

所谓虚拟公司，是一种利用信息技术打破时空阻隔的新型企业组织形式。它一般是某个企业为完成一定任务项目而与供货商、销售商、设计单位或设计师，甚至与用户所组成的企业联合体。选择这些合作伙伴的依据是他们的专长、竞争能力和商誉。这样，虚拟公司能把与任务项目有关的各领域的精华力量集中起来，形成单个公司所无法比拟的绝对优势。既定任务一旦完成，公司即解体。当出现新的市场机会时，再重新组建新的虚拟公司。

虚拟公司的这种动态组织结构大大缩短了产品上市时间，加速了产品的改进发展，使产品质量不断提高，也能大大降低公司开支、增加收益。虚拟公司已被认为是企业重新建造自己生产经营过程的一个步骤，预计 10 年到 20 年以后，虚拟公司的数目会急剧增加。

3. 战略着眼点在于长期获取经济效益

传统的大批量生产企业的竞争优势在于规模生产，即依靠大量生产同一产品，减少每个产品所分摊的制造费用和人工费用，来降低产品的成本。

敏捷制造是采用先进制造技术和具有高度柔性的设备进行生产，这些具有高柔性、可重组的设备可用于多种产品，不需要像大批量生产那样，要求在短期内回收专用设备及工本等费用。而且变换容易，可在一段较长的时间内获取经济效益，所以，它可以使生产成本与批量无关，做到完全按照订单生产，充分把握市场中的每一个获利时机，使企业长期获取经济效益。

4. 实现技术、管理和人的集成

敏捷制造企业需要充分利用分布在各地的各种资源，要把这些资源集中在一起，以及把企业中的生产技术、管理和人集成到一个相互协调的系统中。为此，必须建立新的标准结构来支持这一集成。这些标准结构包括大范围的通讯基础结构、信息交换标准等硬件和软件。

第二节　生产企业主要信息系统

一、物料需求计划

（一）概　念

物料需求计划，即 Material Requirement Planning，以下简称 MRP。MRP 是根据市场预测顾客需求，然后依据组成产品的材料结构表和库存状况，通过计算机计算所需物资的需求量和需求时间，从而确定材料加工进度和订货日程的一种实用技术。

其主要内容包括：客户需求管理、产品生产计划、原材料计划及库存记录。其中，客户需求管理包括：客户订单管理及销售预测，将实际的客户订单数与科学的客户需求预测相结合，即能得出客户需要什么及需求多少。

MRP是一个基于计算机的信息系统，为非独立需求存货（细项需求来自特定产品制造计划，如原材料、组件、部件）的订货与时间进度安排而设计。从预定日期开始，把特定数量的产成品生产计划向后转换成组合零件与原材料需求，用生产提前期及其他信息决定何时订货及订多少货。因此，对最终产品的需求转变成对底层组件的需求，使订货、制作与装配过程都以确定的时间进行安排，以及时完成最终产品，并使存货保持在合理的低水平上。

MRP是一种存货控制方法，也是一种时间进度安排方法。

（二）特　点

1. 相关性

在流通企业，各种需求往往是独立的。而在生产系统中，需求具有相关性。例如，根据订单确定了所需产品的数量之后，由新产品结构文件物料清单（Biu Of Material，BOM），即可推算出各种零部件和原材料的数量，这种根据逻辑关系推算出来的物料数量称为相关需求。不但品种数量有相关性，需求时间与生产工艺过程的决定也是相关的。

2. 确定性

MRP的需求都是根据主产进度计划、产品结构文件和库存文件精确计算出来的，品种、数量和需求时间都有严格要求，不可改变。

3. 复杂性

MRP要根据主产品的生产计划、产品结构文件、库存文件、生产时间和采购时间，把主产品的所有资料都得做好。

（三）制订MRP必须具备的基本数据

1. 主生产计划

它指明在某一计划时间段内应生产出的各种产品和备件，它是物料需求计划制订的一个最重要的数据来源。

2. 物料清单

它指明了物料之间的结构关系及每种物料需求的数量，它是物料需求计划系统中最为基础的数据。

3. 库存记录

它把每个物料品目的现有库存量和计划接受量的实际状态反映出来。

4. 提前期

决定着每种物料何时开工、何时完工。

这四项数据都是至关重要、缺一不可的。缺少其中任何一项或任何一项中的数据不完整，物料需求计划的制订都将是不准确的。因此，在制订物料需求计划之前，这四项数据都必须先完整地建立好，而且保证是绝对可靠的、可执行的数据。

（四）MRP 概览

1. MRP 主要输入内容

（1）总进度计划。表明产成品的需要数量与时间；也指主生产进度计划，主要表明生产哪些最终产品，何时需要及需要数量等。

（2）物料清单。表明了某产成品的主要组成部分，是一张列表，包含着生产每单位产品所需要的所有部件、组件、零件与原材料等。

物料清单文件列表是有层次结构的，它显示每完成一单位下一层次的装配所需各细项的数量。

（3）存货记录。表明持有多少存货，还需要订货多少等。存货记录文件按照时间期间存储各细项的状态信息，包括需求总额、预期收货量及期望持有量。它还包括细项的其他细节，诸如供应商、生产提前期和订货批量等。

2. MRP 主要输出内容

报告：订货计划时间安排、订货免除及变更、业绩控制报告、计划报告与例外报告等。

处理结果：存货处理等。

二、　制造资源计划

1. 含义

制造资源计划（Manufacturing Resource Planning，MRPⅡ）是在物料需求计划基础上发展起来的一种规划方法和辅助软件，是以生产计划为中心，把与物料管理有关的产、供、销、财各个环节的活动联系起来，形成的一个有机整体。

2. 目的

在考虑企业实际生产能力的前提下，以最小的库存保证生产计划的完成，同时对生产成本加以管理，实现企业物流、信息流和资金流的统一。

其最终目标是使生产保持连续均衡，最大限度地降低库存与资金的消耗，减少浪费，提高经济效益。

3. 原理

MRPⅡ是对制造业企业资源进行有效计划的一整套方法。它是一个围绕企业的基本经营目标，以生产计划为主线，对企业制造的各种资源进行统一的计划和控制，使企业的物流、信息流、资金流流动畅通的动态反馈系统。可以简单地理解为在闭环 MRP 的基础上，集成财务管理功能。

需求量、提前期与加工能力是 MRPⅡ 制订计划的主要依据。而在市场形势复杂多变、产品更新换代周期短的情况下，MRPⅡ 对需求与能力的变更，特别是计划期内的变动适应性差，需要较大的库存量来吸收需求与能力的波动。

从物料需求计划 MRP 发展到制造资源计划 MRPⅡ，是对生产经营管理过程的本质认识不断深入的结果，体现了先进的计算机技术与管理思想的不断融合，因此，MRP 发展为 MRPⅡ 是一个必然的过程。

三、 企业资源计划

(一) 含 义

企业资源计划（Enterprise Resource Planning，ERP）是关联企业对物资资源管理、人力资源管理、财务资源管理和信息资源管理集成一体化的企业经营管理方式。

换言之，ERP 是将企业内部所有资源整合在一起，对采购、生产、成本、库存、分销、运输、财务与人力资源进行规划，从而达到最佳资源组合，取得最佳效益。

(二) ERP 的管理理念

(1) ERP 体现了对整个供应链资料进行有效管理的思想，实现了对整个企业供应链上的人、财、物等所有资源及其流程的管理。

(2) 体现了精益生产、同步工程和敏捷制造的思想。面对激烈的竞争，企业需要运用同步工程组织生产和敏捷制造，保持产品高质量、多样化、灵活性，实现精益生产。

(3) 体现事先计划与事中控制的思想。ERP 系统中的计划体系主要包括生产计划，物料需求计划和能力需求计划等。

（4）体现业务流程管理的思想。为了提高企业供应链的竞争优势，必然带来企业业务流程的改革，而系统应用程序的使用也必须随着业务流程的变化而相应地调整。

ERP 的管理理念也可以总结为：ERP 是一整套企业管理系统体系标准，是一种面向供应链的管理思想；ERP 是以管理企业整体资源的管理思想为灵魂的软件产品；ERP 是集整合企业管理理念、业务流程、基础数据、人力物力、计算机硬件和软件于一体的企业资源管理系统。

（三）功能模块

ERP 是将企业所有资源进行整合集成管理，简单地说，是将企业的三大流（物流、资金流、信息流）进行全面一体化管理的管理信息系统。它的功能模块已不同于以往的 MRP 或 MRPⅡ 的模块，它不仅可用于生产企业的管理，而且在许多其他类型的企业，如一些非生产、公益事业的企业，也可导入 ERP 系统进行资源计划和管理。这里仍然将以典型的生产企业为例子来介绍 ERP 的功能模块。

在企业中，一般的管理主要包括三方面内容：生产控制（计划、制造）、物流管理（分销、采购、库存管理）和财务管理（会计核算、财务管理）。这三大系统本身就是集成体，它们互相之间有相应的接口，能够很好地整合在一起来对企业进行管理。另外，要特别一提的是，随着企业对人力资源管理重视的加强，已经有越来越多的 ERP 厂商将人力资源管理纳入了 ERP 的一个重要组成部分，对这一功能，可以进行以下简要的介绍。

1. 财务管理模块

在企业中，清晰分明的财务管理是极其重要的。所以，在 ERP 整个方案中，它是不可或缺的一部分。ERP 中的财务模块与一般的财务软件不同，作为 ERP 系统中的一部分，它和系统的其他模块有相应的接口，能够相互集成。例如，它可将由生产活动、采购活动输入的信息自动计入财务模块，生成总账、会计报表，取消了输入凭证烦琐的过程，几乎完全替代了以往传统的手工操作。一般的 ERP 软件的财务部分分为会计核算与财务管理两大块。

（1）会计核算。会计核算主要是记录、核算、反映和分析资金在企业经济活动中的变动过程及结果。它由总账、应收账、应付账、现金、固定资产与多币制等部分构成。

① 总账模块。它的功能是处理记账凭证输入、登记，输出日记账、一般

明细账、总分类账及编制主要会计报表。它是整个会计核算的核心，应收账、应付账、固定资产核算、现金管理、工资核算和多币制等各模块都以其为中心来互相传递信息。

② 应收账模块。是指企业应收的由于商品赊欠而产生的正常客户欠款账。它包括发票管理、客户管理、付款管理和账龄分析等功能。

它和客户订单、发票处理业务相联系，同时将各项事件自动生成记账凭证，导入总账。

③ 应付账模块。会计里的应付账是企业应付购货款等账，它包括发票管理、供应商管理、支票管理和账龄分析等。它能够和采购模块、库存模块完全集成，以替代过去烦琐的手工操作。

④ 现金管理模块。它主要是对现金流入流出的控制及零用现金和银行存款的核算。它包括了对硬币、纸币、支票、汇票和银行存款的管理。在 ERP 中，提供了票据维护、票据打印、付款维护、银行清单打印、付款查询、银行查询和支票查询等与现金有关的功能。此外，它还和应收账、应付账、总账等模块集成，自动产生凭证，导入总账。

⑤ 固定资产核算模块。即完成对固定资产的增减变动及折旧有关基金计提和分配的核算工作。它能够帮助管理者对目前固定资产的现状有所了解，并能通过该模块提供的各种方法来管理资产，以及进行相应的会计处理。它的具体功能有：登录固定资产卡片和明细账、计算折旧、编制报表与自动编制转账凭证，并转入总账。它和应付账、成本、总账模块集成。

⑥ 多币制模块。它是为了适应当今企业的国际化经营，对外币结算业务的要求增多而产生的。多币制将企业整个财务系统的各项功能以各种币制来表示和结算，且客户订单、库存管理及采购管理等也能使用多币制进行交易管理。多币制和应收账、应付账、总账、客户订单、采购等各模块都有接口，可自动生成所需数据。

⑦ 工资核算模块。自动进行企业员工的工资结算、分配、核算及各项相关经费的计提。它能够登录工资、打印工资清单及各类汇总报表，计算计提各项与工资有关的费用，自动做出凭证，导入总账。这一模块是和总账、成本模块集成的。

⑧ 成本模块。它将依据产品结构、工作中心、工序、采购等信息，进行产品的各种成本的计算，以便进行成本分析和规划。还能用标准成本或平均成本法，按照地点维护成本。

（2）财务管理。它的功能主要是基于会计核算的数据，再加以分析，从而进行相应的预测、管理和控制活动。它侧重于财务计划、控制、分析和预测。

① 财务计划：根据前期财务分析作出下期的财务计划、预算等。

② 财务分析：提供查询功能和通过用户定义的差异数据的图形显示进行财务绩效评估、账户分析等。

③ 财务决策：财务管理的核心部分，中心内容是作出有关资金的决策，包括资金筹集、投放及资金管理。

2. 生产控制管理模块

这一部分是 ERP 的核心所在，它将企业的整个生产过程有机地结合在一起，使得企业能够有效地降低库存，提高效率。同时，各个原本分散的生产流程的自动连接，也使得生产流程能够前后连贯地进行，而不会出现生产脱节、耽误生产交货时间的情况。

生产控制管理是一个以计划为导向的先进的生产、管理方法。首先，企业确定它的一个总生产计划，再经过系统层层细分后，下达到各部门去执行。即生产部门以此生产，采购部门按此采购等。

（1）主生产计划。它是根据生产计划、预测和客户订单的输入来安排将来的各周期中提供的产品种类和数量，它将生产计划转为产品计划，在平衡了物料和能力的需要后，精确到时间、数量的详细的进度计划。是企业在一段时期内总的活动安排，是一个稳定的计划，是由生产计划、实际订单和对历史销售分析得来的预测产生的。

（2）物料需求计划。在主生产计划决定生产多少最终产品后，再根据物料清单，把整个企业要生产的产品数量转变为所需生产的零部件数量，并对照现有的库存量，可得到还需加工多少、采购多少的最终数量。这才是整个部门真正依照的计划。

（3）能力需求计划。它是在得出初步的物料需求计划之后，将所有工作中心的总工作负荷在与工作中心的能力平衡后产生的详细工作计划，用以确定生成的物料需求计划是否企业生产能力上可行的需求计划。能力需求计划是一种短期的、当前实际应用的计划。

（4）车间控制。这是随着时间变化的动态作业计划，是将作业分配到具体各个车间，再进行作业排序、作业管理和作业监控。

（5）制造标准。在编制计划中过程，需要许多生产基本信息，这些基本信息就是制造标准，包括零件、产品结构、工序和工作中心，都用唯一的代码在计算机中识别。

① 零件代码：对物料资源的管理，对每种物料给予唯一的代码识别。

② 物料清单：定义产品结构的技术文件，用来编制各种计划。

③ 工序：描述加工步骤及制造和装配产品的操作顺序。它包含加工工序顺序、指明各道工序的加工设备及所需要的额定工时和工资等级等。

④ 工作中心：使用相同或相似工序的设备和劳动力组成的，从事生产进度安排、核算能力、计算成本的基本单位。

3. 物流管理

（1）分销管理。销售的管理是从产品的销售计划开始，对其销售产品、销售地区、销售客户各种信息的管理和统计，并可对销售数量、金额、利润、绩效、客户服务作出全面的分析，这样，在分销管理模块中，大致有三方面的功能。

① 对于客户信息的管理和服务。它能建立一个客户信息档案，对其进行有分类管理，进而对其进行有针对性的客户服务，以达到最高效率地保留老客户、争取新客户。在这里，要特别提到的是最近出现的 CRM 软件，即客户关系管理，ERP 与它的结合，必将大大增加企业的效益。

② 对于销售订单的管理。销售订单是 ERP 的入口，所有的生产计划都是根据它下达并进行排产的。而销售订单的管理贯穿于产品生产的整个流程。它包括：

• 客户信用审核及查询（客户信用分级，来审核订单交易）；

• 产品库存查询（决定是否要延期交货、分批发货或用代用品发货等）；

• 产品报价（为客户作不同产品的报价）；

• 订单输入、变更及跟踪（订单输入后，变更的修正及订单的跟踪分析）；

• 交货期的确认及交货处理（决定交货期和发货事物安排）。

③ 对于销售的统计与分析。这是系统根据销售订单的完成情况，依据各种指标作出统计，比如客户分类统计、销售代理分类统计等，再就这些统计结果来对企业实际销售效果进行评价：

• 销售统计（根据销售形式、产品、代理商、地区、销售人员、金额及数量来分别进行统计）；

• 销售分析（包括对比目标、同期比较和订货发货分析，来从数量、金额、利润及绩效等方面作相应的分析）；

• 客户服务（客户投诉记录，原因分析）。

（2）库存控制。用来控制存储物料的数量，以保证稳定的物流支持正常的生产，但又最小限度地占用资本。它是一种相关的、动态的及真实的库存控制系统。它能够结合、满足相关部门的需求，随着时间变化动态地调整库存，精确地反映库存现状。这一系统的功能又涉及：

① 为所有的物料建立库存，决定何时订货采购，同时作为采购部门采购、生产部门作生产计划的依据；

② 收到订购物料，经过质量检验入库，生产的产品也同样要经过检验入库；

③ 收发料的日常业务处理工作。

（3）采购管理。确定合理的订货量、优秀的供应商和保持最佳的安全储备。能够随时提供订购、验收的信息，跟踪和催促对外购或委外加工的物料，保证货物及时到达。建立供应商的档案，用最新的成本信息来调整库存的成本。具体有：

① 供应商信息查询（查询供应商的能力、信誉等）；

② 催货（对外购或委外加工的物料进行跟催）；

③ 采购与委外加工统计（统计、建立档案、计算成本）；

④ 价格分析（对原料价格进行分析，调整库存成本）。

4. 人力资源管理模块

以往的 ERP 基本上都是以生产制造及销售过程（供应链）为中心的，因此，长期以来，一直把与制造资源有关的资源作为企业的核心资源来进行管理。但近年来，企业内部的人力资源开始越来越受到企业的关注，被视为企业的资源之本。在这种情况下，人力资源管理作为一个独立的模块，被加入到 ERP 系统中来，和 ERP 中的财务、生产系统组成了一个高效的、具有高度集成性的企业资源系统。它与传统方式下的人事管理有着根本的不同。

（1）人力资源规划的辅助决策。对于企业人员、组织结构编制的多种方案，进行模拟比较和运行分析，并辅之以图形的直观评估，辅助管理者作出最终决策。制定职务模型，包括职位要求、升迁路径和培训计划，根据担任该职位员工的资格和条件，系统会提出针对本员工的一系列培训建议，一旦机构改组或职位变动，系统会提出一系列的职位变动或升迁建议。进行人员成本分析，可以对过去、现在及将来的人员成本作出分析及预测，并通过 ERP 集成环境，为企业成本分析提供依据。

（2）招聘管理。人才是企业最重要的资源。优秀的人才才能保证企业持久的竞争力。招聘系统一般从以下几个方面提供支持：

课堂笔记

① 进行招聘过程的管理，优化招聘过程，减少业务工作量；

② 对招聘的成本进行科学管理，从而降低招聘成本；

③ 为选择聘用人员的岗位提供辅助信息，并有效地帮助企业进行人才资源的挖掘。

（3）工资核算。

① 能根据公司跨地区、跨部门、跨工种的不同薪资结构及处理流程，制定与之相适应的薪资核算方法。

② 与时间管理直接集成，能够及时更新，使员工的薪资核算动态化。

③ 回算功能。通过和其他模块的集成，自动根据要求调整薪资结构及数据。

（4）工时管理。

① 根据本国或当地的日历，安排企业的运作时间及劳动力的作息时间表。

② 运用远端考勤系统，可以将员工的实际出勤状况记录到主系统中，并把与员工薪资、奖金有关的时间数据导入薪资系统和成本核算中。

（5）差旅核算。

系统能够自动控制从差旅申请、差旅批准到差旅报销的整个流程，并且通过集成环境，将核算数据导进财务成本核算模块中。

（四）ERP 的优缺点

1. 优 点

（1）即时性。在当今信息社会里，不仅要知己知彼，还要贵在"即时"，能否如此，其效果迥异。以外汇市场为例，国际化经营面临着汇率变动的风险，如不能对各种汇率变换、各国客户订单、各种交易，包括应收账、应付账、总账等进行即时运作，那么，即使到手的企业利润，也会因汇率的波动或缓慢的作业而缩水。在 ERP 状态下，资料是联动而且是随时更新的，每个有关人员都可以随时掌握即时的资讯。

（2）集成性。在 ERP 状态下，各种信息的集成将为决策科学化提供必要的条件。ERP 把局部的、片面的信息集成起来，轻松地进行衔接，就使预算、规划更为精确、控制更为落空，也使得实际发生的数字与预算之间的差异分析、管理控制更为容易与快速。

（3）远见型。ERP 系统的会计子系统，集财务会计、管理会计、成本会计于一体，又与其他子系统融合在一起，这种系统整合及其系统的信息供给，有利于财务人员作前瞻性分析与预测。

2. 缺　点

投资大、要求高、复杂和不易控制。

（五）注意事项

ERP 项目是一个庞大的系统工程，涉及面广、投入大、实施周期长、难度大、存在一定的风险，需要采取科学的方法来保证项目实施的成功。

ERP 的实施关系到企业内部管理模式的调整，业务流程的变化及大量的人员变动，没有企业领导的参与，将难以付诸实践。同时，ERP 是企业级的信息集成，没有全体员工的参与也是不可能成功的。ERP 是信息技术和先进管理技术的结合，无论是决策者、管理者，还是普通员工，都要掌握计算机技术、通信技术，并将之运用到现代企业的管理中去。ERP 实现了企业数据的全局共享，作为一个管理信息系统，它处理的对象是数据。数据规范化是实现信息集成的前提，在此基础上，才谈得上信息的准确、完整和及时。所以，实施 ERP 必须要花大力气准备基础数据，比如，产品数据信息、客户信息及供应商信息等。

四、 制造企业信息系统主要模块

1. 生产排配管理

该子系统以销售订单为主线，贯穿整个生产、采购、销售和库存等经营活动。企业的生产管理者可以时刻掌控生产状况、物料状况、销售订单状况及物资采购状况，整个生产经营活动高效而有序。

2. 库存管理

融入了先进的库存管理思想，提供的各种库存报表查询和分析可以为企业的经营决策提供依据，从而实现降低库存冗余，避免物品短缺或积压，保证企业经营活动顺利进行。

3. 采购管理

系统提供的采购管理适用于多种采购业务。它可以帮助企业的采购部门实现整个采购的完整工作流程，确保采购工作的及时、高质量、高效率及低成本，避免盲目采购造成的物品积压或短缺。

4. 销售出货管理

通过系统可随时查询各种物品的生产进度、入出库状况、库存状况与订单的执行状况，帮助销售单位及时安排物品出货。

5. 决策分析

强大的模糊组合查询功能可方便领导随时了解经营活动中的各种情况，

并根据相关数据，生成各种有效报表和直观的立体图形，为领导的正确判断决策提供真实可靠的依据。

实训项目　生产信息系统操作练习

教学目标： 使学生掌握生产信息系统的基本功能，操作练习生产信息系统。

第一节　系统功能说明

（1）生产制造系统；

（2）生产制造系统——客户管理；

（3）生产制造系统——订单管理；

（4）生产制造系统——计划管理；

（5）生产制造系统——采购管理；

（6）生产制造系统——生产管理；

（7）生产制造系统——仓库管理；

（8）生产制造系统——财务管理。

第二节　具体操作练习

（1）分别练习各个功能模块；

（2）连续完成从"制定销售计划"至"车间作业"的操作，体会产供销一体化流程的操作；

（3）操作销售订单，以此为基础，操作出库订单、应收账款核算等模块，体会信息在不同功能模块中的具体应用。

思考题

9.1　简述什么是经济订货批量？怎样计算？

9.2　某公司是一家冰箱生产企业，全年需要压缩机 360000 台，均衡耗用。全年生产时间为 360 天，每次的订货费用为 160 元，每台压缩机仓储保管费为 80 元，每台压缩机的进价为 900 元。

请计算：

（1）经济订货批量。

（2）全年最佳订货次数与每次订货时间间隔。

（3）全年订货总成本。

9.3　比较精益生产方式与敏捷制造生产方式。

9.4　简述 MRP、MRP II、ERP 的区别。

9.5　ERP 有哪些主要模块。

9.6　ERP 的主要优缺点是什么？

课堂笔记

第十章　企业信息管理

第一节　企业信息管理概述

一、定　义

所谓企业信息管理，是指为企业的经营、战略、管理和生产等服务而进行的有关信息的收集、加工、处理、传递、储存、交换、检索、利用及反馈等活动的总称。

企业信息管理是企业管理者为了实现企业目标，对企业信息和企业信息活动进行管理的过程。它是企业以先进的信息技术为手段，对信息进行采集、整理、加工、传播、存储和利用的过程，对企业的信息活动过程进行战略规划，对信息活动中的要素进行计划、组织、领导、控制的决策过程，力求资源有效配置、共享管理、协调运行，以最少的耗费创造最大的效益。企业信息管理是信息管理的一种形式，把信息作为待开发的资源，把信息和信息的活动作为企业的财富与核心。

在企业信息管理中，信息和信息活动是企业信息管理的主要对象。企业所有活动的情况都要转变成信息，以"信息流"的形式在企业信息系统中运行，以便实现信息传播、存储、共享、创新和利用。此外，传统管理中企业的信息流、物质流、资金流和价值流等，也要转变成各种"信息流"并入信息管理中。企业信息管理的原则必须遵循信息活动的固有规律，并建立相应的管理方法和管理制度，只有这样，企业才能完成各项管理职能。

企业信息管理过程又是一个信息采集、整理、传播、存储、共享、创新和利用的过程。通过不断产生和挖掘管理信息或产品信息来反映企业活动的变化，信息活动的管理过程和管理意图力求创新，不断满足信息管理者依靠信息进行学习、创新和决策的迫切需要。

二、任　务

① 有效组织企业现有信息资源，围绕企业战略、经营、管理及生产等开展信息处理工作，为企业各层次提供所需的信息。

② 不断地收集最新的经济信息，提高信息产品和信息服务的质量，努力提高信息工作中的系统性、时效性和科学性，积极创造条件，实现信息管理的计算机化。

三、内　容

企业信息管理内容包括：企业信息化建设、企业信息开放与保护、企业信息的开发与利用。

1. 企业信息化建设

企业信息化建设是企业实现信息管理的必要条件。大致任务包括：计算机网络基础设施建设（企业计算机设备的普及、企业内部网 Intranet 或企业外部网 Extranet 的建立与因特网的连接等）；生产制造管理系统的信息化（计算机辅助设计 CAD、计算机辅助制造 CAM 等的运用）；企业内部管理业务的信息化（管理信息系统 MIS、决策支持系统 DSS、企业资源计划管理 ERP、客户关系管理 CRM、供应链管理 SCM、知识管理 KM 等）；企业信息化资源的开发与利用（企业内外信息资源的利用、企业信息化人才队伍培训、企业信息化标准、规范及规章制度的建立）；企业信息资源建设（包括信息技术资源的开发、信息内容资源的开发等）。

2. 企业信息开放与保护

信息开放有两层含义，即信息公开和信息共享。信息公开包括向上级主管公开信息、向监督部门公开信息、向社会公开信息、向上下游企业公开信息、向消费者公开信息和向投资者公开信息等。企业信息按照一定的使用权限，在企业内部部门之间、员工之间和与之合作伙伴之间进行资源共享。企业信息保护的手段很多，如专利保护、商标保护、知识产权保护、合同保护和公平竞争保护等。

3. 企业信息的开发与利用

企业信息的开发与利用，从信息资源类型出发，企业信息资源有记录型信息资源、实物型信息资源和智力型信息资源之分。智力型信息资源是一类存储在人脑中的信息、知识和经验，这类信息需要人们不断开发加以利用。企业信息开发与利用的内容，包括市场信息、科技信息、生产信息、销售信息、政策信息、金融信息和法律信息等。

四、类　型

企业信息管理系统分为不同的类型。

（1）按照企业信息处理所应用的技术，可分为人工操作系统、机械操作系统和计算机操作系统。

（2）按照企业管理信息系统的功能，可分为单一功能的企业信息系统和综合功能的企业信息系统。

（3）按照系统对外界环境变化的适应度、灵敏度，可分为开放型和封闭型信息系统。

（4）按照企业内部设置形式，可分为职能型、综合型和系统型。

五、层　次

企业信息管理同企业管理一样，分为三个层次进行管理。

（1）高层战略管理：对企业信息和资源在整体上的一种把握和控制。

（2）中层管理：对企业业务活动信息具体设计、组织协调，使各种业务活动有效开展。

（3）基层管理：对业务处理的过程信息进行管理。

第二节　企业知识管理

一、定　义

知识管理作为一门系统的学科，是 20 世纪 90 年代在美国形成的，近几年来，也引起了我国少数人的关注。由于知识管理是一个新的研究领域，到目前为止，对知识管理尚无统一的定义。

按照美国德尔福集团创始人卡尔·弗拉保罗的说法："（知识管理）是指运用集体的智慧提高应变和创新能力，是为企业实现显性知识和隐性知识共享提供的新途径。"简单地讲，知识管理就是以知识为核心的管理，即利用市场等手段对企业已有的或新获取的知识实施管理，促使知识由潜在的生产力变为现实的生产力。

企业知识管理是指企业利用现代信息技术，开发企业知识资源，调动人力资源学习潜能，并建立与之相适应的组织模式，推进企业现代化进程，提高企业核心竞争力和经济效益的过程。

二、类　型

1. 控制型

其特征是领导主要靠自己的本领、经验、认知能力，自行其是，并不断向员工发出指示和指令，而很少听取员工的意见，知识网络也主要由其控制。

2. 专家型

其特征是领导较重视内外专家的知识和意见，支持有经验的专家对新手的"传帮带"，不太重视培训制度。

3. 交流型

其特征是有正规的培训制度和公共资料库，员工之间有多种形式的交流，并能影响组织决策。

4. 开发型

其特征是有较完善的知识开发和共享制度，员工愿意把自己的知识和关系网络奉献出来。

5. 网络型

其特征是知识管理系统化、日常化，网络技术作为组织管理的重要手段，使知识的收集、传播和利用变得快捷与有效。知识管理成为组织活动的主要内容。

一个企业在知识管理上处于什么类型，会受到人员素质、组织规模、赢利状况及行业性质等因素的制约。在知识经济比较发达的美国，网络型知识管理被视为组织管理的最佳模式，有 20％的高科技公司和政府大多数部门利用网络型知识管理来提高效率。IBM 公司等一些著名公司还专门成立了知识管理研究机构。在我国，知识经济还不发达，网络型知识管理所占的比重还很低。由于知识管理做得不好，大部分组织的创造力和竞争力没有得到充分的开发。因此，加强知识管理对我国很多组织来说都是十分必要的。

三、 运作过程

1. 知识集约过程

知识集约过程是指对现有的知识进行收集、整理、分类和管理的过程。比如，对经营数据、客户建议书、客户信息、产品信息、工作方法、工作心得、成功与失败事例等知识进行收集和分类，并将分类结果存放在文件夹、手册、书、录像带、计算机等存储器中。知识集约过程通常包含隐形知识显形化和显形知识综合化这两个模式的知识转化。比如，营销部门按照一定的背景和条件，对使用过的客户合同进行收集和分类，并据此整理成标准模式，就是显形知识综合化的过程；营销部门根据过去的成功与失败经验修改客户合同，并开发出新的合同模式，就是隐形知识显形化的过程。

为了使知识集约更有效地服务于知识运用和知识交流，知识配置可视化是不可缺少的重要步骤。目前，国际上较为流行的做法是用地图表示知识的存放场所，这种地图被称作知识地图。企业一般将知识地图存放在企业内部网络上，任何员工都可以随时阅览和检索。员工看到知识地图，便可知道企业的知识配置情况，比如，谁拥有知识、拥有什么知识及如何与这些知识的拥有者取得联系等。

2. 知识应用过程

知识应用过程是指利用集约而成的显形知识去解决实际问题的过程，也是显形知识内部化的过程。随着员工把集约而成的显形知识运用到实践中，并得出相应的体会和经验，显形知识便被内化为隐形知识。显形知识内部化的结果导致员工隐形知识储备的扩展。积极利用计算机软件技术是加速显形知识内部化的有效途径。比如，销售人员在现有的知识基础上，只要利用模拟软件和数据解析软件，就能找到扩大销售额和产品组合的最佳方案，并可以由此迅速地拓宽、延伸和重建自己的隐形知识系统。

3. 知识交流过程

知识交流过程是指通过交流来扩展企业整体知识储备的过程。由于前述两个过程通常以某个部门为单位进行，因此，其结果只能扩展某个部门的知识储备，而不足以提高企业整体的知识储备。这就有了通过交流将新知识内部化到每个员工的必要性。企业可以从以下几种交流方式中，选择符合自身条件的交流方式。第一种方式为人与人通过直接交流进行学习的方式，比如，正式与非正式的研讨会、学习会、工作午餐和企业培训等。第二种方式为通过网络技术进行交流与学习的方式，比如，电子会议、电视会议、电子邮件、电传与虚拟团队等。第三种方式为通过网络技术与信息交流进行学习的方式，比如，利用信息库、企业主页、各类检索及解析软件进行学习。第四种方式为利用知识库进行学习的方式，比如，利用图书馆、书和文件进行学习。

4. 知识创新过程

知识创新过程是指企业整体的知识储备扩大，并由此产生出新概念、新思想、新体系的过程。知识创新过程是前述三个过程相互作用的结果。

知识管理的这四个过程不是相互独立的，而是相互关联的。知识创新是知识管理的目的。实现这一目的的关键在于隐形知识显形化和显形知识内部化。而知识集约促进隐形知识显形化，知识运用和知识交流促进显形知识内部化。因此，知识集约、知识运用和知识交流是实现知识创新所不可缺少的重要步骤。

知识管理的效果取决于知识集约、知识应用、知识交流和知识创新四个过程的有效运作。而这四个过程的有效运作又取决于知识管理的运作环境。知识管理的运作环境与企业高层管理者、知识管理者、企业文化、信息技术、报酬制度、业绩考核系统及培训制度有关。

企业高层管理者在知识管理中起着引导、指导和推动知识管理的重要作用。

首先，他们应该为企业及知识管理建立起明确的发展目标，并将发展目标灌输到每个员工的头脑中，使知识管理始终保持明确、正确的方向。

其次，他们应该精通知识管理的操作过程和操作方法，能够具体指导员工，促进他们有效地收集、应用、交流和创造知识的能力。

最后，高层管理者必须受到员工的信任，具备高度的协调能力，能够促进企业形成相互依赖的环境。

四、功　能

企业实施知识管理必须与其战略目标相结合，才能获得最大的效益，知识管理功能在企业运作中，主要表现在以下几方面。

1. 知识管理的实施有助于提高企业的生产效率

现代企业，特别是大型企业，常常不知道自己已经知道了什么，一个部门或车间已经有过的教训、经验或新技术，无法在其他部门得到普及和推广。知识管理将致力于把知识财富进行有效的整理、分类、传播，使知识财富可以得到充分的再利用，从而实现企业效率的提高。通过知识管理，可以方便地查询和发掘已经拥有的知识，通过将已经拥有的知识用到新工艺或新流程中，企业可以对现有知识进行改进，甚至创造出新的知识。

2. 知识管理的实施有助于提高企业的适应性

现代的商业社会瞬息万变，不可预知的事件越来越多，传统的信息技术已经无法满足企业的要求。知识管理技术能够协助企业感知微弱的商业信号，并按照要求对各种资源进行组织，对突发事件作出有效的反应，通过提高企业内部合作的密切程度，使企业能够快速地适应多变的环境。

3. 知识管理的实施有助于企业的创新

在科技高速发展、产品生命周期显著缩短的现代商业社会中，创新往往是企业获得并保持竞争优势的主要因素。许多大型企业所面临的挑战就是设法将其在各国的员工组织到一起，跨越地域和时间的限制，进行讨论和研究，创造出新的产品和服务。

4. 知识管理的实施有助于提高企业员工素质

企业要保持竞争力，就必须拥有具有新知识和创造力的员工。员工的培训和教育是现代企业保持竞争优势的一个重要措施。成功的知识管理将加快员工的学习过程，提高企业员工的整体素质，使员工的再教育成为企业的一种日常活动。

归纳起来，知识管理是信息管理的延伸与发展，也就是使信息转化为可被人们掌握的知识，并以此来提高特定组织的应变能力和创新能力。知识管理重在培养集体的创造力并推动创新。海尔集团总裁张瑞敏说："一个人的经验很重要，可一旦全盘依赖个人的经验，企业也就完了，因为个人知识毕竟是有限的，不可能适应外界的发展变化。"

当今市场竞争日益激烈，产品创新周期越来越短，开发时间便成为决定产品成功与否的关键因素，竞争越来越表现为一种时间的竞争，起决定作用的不再是企业的大小和成本高低，而是创造性和灵活性。现有的企业经营管理形式已无法适应知识经济的要求，这就需要新的企业模式和劳动形式。一个企业不可能储存足够多的专家、在所有新项目上都用自己的人才。明天的企业在很大程度上将是由少数固定员工组成的一个小核心。他们与供应商及外部专家保持着密切联系，并且能够为共同生产某种产品组成一个网络式的价值创造共同体，虚拟公司便应运而生。

随着知识经济时代的到来，企业如何进行知识管理，已成为迫在眉睫的重要问题。近年来，国内外不少大型企业在知识管理方面进行了大量有益的尝试，取得了一定的成效，这对乡镇企业迎接知识经济的到来、开展知识管理，具有借鉴和指导意义。

五、 对策及建议

1. 盘点企业的知识

知识总是附着在某一个载体之上，因此，要实施知识管理，首先要盘点企业拥有的知识数量，如人才、资料库等，弄清企业已有的知识家底。知识盘点的对象是企业的全体员工和资料库，因为企业拥有的知识一部分存在于员工的头脑中，表现为员工的学历、技能等；另一部分存在于企业的资料库中，如销售数据、生产成本数据、营销网络数据、经营效益数据、专有技术资料和商誉等。

根据知识盘点情况，绘制企业知识盘点表，企业的知识分布情况就一目了然，并能揭示企业还有什么知识的潜力可以利用，还缺少什么样的知识。条件具备时，企业可建立知识的计算机信息管理系统。通过知识盘点工作，更好地促进知识资源在企业各部门间共享，并据此制定企业的知识培训规划，建立企业的智囊团。

2. 建立企业的智囊团

根据绘制的知识盘点表，把企业中的已掌握重要知识的职工挑选出来，并组成企业的智囊团。智囊团的成员不一定全是企业的在职人员，也可以是企业的退休人员、社区消费者，甚至具有一技之长的职工家属等。将智囊团成员的个人档案登记在企业的计算机信息管理系统中，这些人作为企业的决策顾问，可为企业的经营决策提供智力援助。

3. 制定企业的知识培训规划

根据绘制的知识表，就容易发现企业的薄弱环节和人才不足的问题。这就需要通过从外部引进知识或进行教育培训，把企业的员工培养成知识职工。企业在这方面的投入是极为必要而又具有深远意义的。作为知识管理组成部分的知识培训，国内外不少企业在这方面投入了多少不等的资金和时间。在知识盘点过程中，企业的职工掌握了哪方面的知识、他们希望朝什么方向发展等，显示得十分清楚；同时，企业的发展需要拥有什么样知识的员工等问题也十分明了。这正是教育培训规划努力的方向。

4. 建立企业的知识市场

为提高企业的管理效率及效果，需要利用企业的知识表、智囊团、教育培训规划和知识库等来形成企业内的知识流通体系，这就是企业的内部知识市场。知识市场既有人与人的交流，又有物与物的交流，还有人与物的交流。在这个市场上，人的知识不断流动，包括积聚或分散，并相应地产生新的知识，进而推动企业知识更迅猛发展。为了有效地利用企业的知识，需要建立相应的管理组织，配备专（兼）职的主管人员，一般在企业人事部门设立该管理机构，并由人事管理部门的人员专（兼）任此项管理职务。

5. 建立知识库

将企业知识的变化情况在知识库中加以反映。在企业的计算机信息管理系统中，要注意随时反映其变化情况，以便企业各级管理人员共享知识资源。企业的市场营销网络和企业的营销部门据此制定营销战略，开展市场营销；企业的采购部门据此调整采购计划，生产部门据此调整生产计划等。

总之，知识经济时代的到来，正在加速改变我们这个社会，包括人们的生产方式、生活方式和思维方式，让我们用创新精神拥抱知识管理、强化知识管理，来迎接人类新文明的知识社会的到来。

第三节　企业信息保障战略

一、 企业信息需求类型

1. 对国民经济发展方向情报的需求

国民经济发展方向的情报，主要是指关于国民经济计划的指示、文件和指标性的情报。包括国民经济远景发展的目标、国民经济计划结构的变化、国民经济计划的投资、国民经济计划的劳动资源、国民经济计划的人才培养和国民经济计划的人民生活水平等。

2. 对科学技术发展情报的需求

企业对科学技术发展情报的需求可以分为两类：一类是科学技术的总结性情报，另一类是科学技术发展方向的预测性情报。企业对这两类情报的利用，最重要的是要尽快地得到本企业所需要的、其他企业已经取得或计划要取得的科学技术成果方面的详细情报，据此来确定本企业的技术开发和生产发展的任务，并估计技术进步的总方向，分析其在新产品开发上的可能性。

3. 对供求情报的需求

在市场经济条件下，企业对供需之间情报的需求将越加迫切。因而，企业应该拥有关于经济行情和市场容量的必要情报。企业对供需之间情报的需求，主要包括销售条件和行情调研的情报、商品流传和消费的情报及其他企业的销售情报等。

二、 企业信息需求的具体内容

1. 战略信息

主要包括：社会经济发展信息、政策法规信息、竞争对手信息、消费需求信息、科技创新及发展信息。

2. 战术信息

（1）产品、市场状况信息。包括现在的经营业务范围，主要产品的性能与技术水平，产品结构和发展前景，市场占有率、产品获利能力与竞争能力等。

（2）物资采购供应信息。包括在物资资源方面的组织、计划、仓储、资金和管理等一系列工作中的能力及存在的要求。

（3）销售信息。包括销售力量、市场调研和市场开发能力，现在销售渠道状况、销售组织状况，推销手段、售后服务、满足交货条件的能力及运输能力等。

3. 业务信息

（1）企业内部资源信息。这是企业生产经营过程中，伴随着物资及财务的流动而产生的信息，是企业进行管理、组织基本生产的基础信息，主要包括财务金融信息、物资信息和人事信息等。

（2）企业生产控制信息。现代企业生产，普遍采用机械化、自动化设施设备，为保证企业生产过程的稳定、连续，必须及时、准确地传送到控制部门，以进行实时控制。

三、 企业信息保障内容

（一）信息源保障

1. 信息源

信息源是人们在科研活动、生产经营活动和其他一切活动中所产生的成果与各种原始记录，对这些成果和原始记录加工整理得到的成品都是借以获得信息的源泉。

信息源内涵丰富，它不仅包括各种信息载体，也包括各种信息机构；不仅包括传统印刷型文献资料，也包括现代电子图书报刊；不仅包括各种信息储存和信息传递机构，也包括各种信息生产机构。

2. 信息源保障

信息源保障是指面向企业管理人员提供的各种信息或信息来源的一种信息保障活动。其中，包括信息开发、搜集、组织和提供等基本环节。

（二）信息获取与传递工具保障

主要涉及计算机技术、通信技术、网络技术、光盘技术、声像技术、机器自动翻译技术及人工智能技术。

（三）信息服务保障

1. 信息服务向知识服务转变

信息服务不在于能够提供多少信息，而在于提供的信息能够帮助用户解决哪些问题。用户所关注的是信息帮助其发现问题和解决问题的能力，所以，为了更好地为用户服务，必须将信息转化为知识，进而形成解决问题的方案，将这些知识和方案渗透到新的产品与服务中去。

2. 阶段性服务向全过程服务转变

随着信息社会的到来，企业生产经营环境发生了根本性的改变，企业面临着高度的不确定性，经营前景也越来越难以预测，不确定性的增加使得企业信息保障工作显得尤为重要。企业信息保障工作应该以先进的网络技术和有效的知识管理为手段，以信息资源的有效开发和利用为目标，将信息资源的建设与信息服务紧密地结合起来，建立立体化的信息网络体系，实施全过程的信息服务。

3. 信息资源无序配置向按需配置转变

企业不同管理人员有着不同的信息需求，这就要求信息保障体系为从事不同工作的管理人员提供各自所需的信息。信息资源的配置服务应该由传统的批发式服务向专业化和个性化服务转变，专业化服务要求按照具体专业或课题领域来组织和实施服务，保证对企业信息用户的问题和环境的把握，保证知识服务的质量；个性化服务要求针对用户的特定需求，及时了解和联系企业的信息用户，保障对用户决策过程的跟踪和全面信息服务。

四、 企业信息保障体系

（一）信息人才保障

1. 信息人才信息素养要求

（1）信息道德。它是指在信息的采集、加工、存贮、传播和利用等信息活动的各个环节中，用来规范其间产生的各种社会关系的道德意识、道德规范和道德行为的总和。

它通过社会舆论、传统习俗等，使人们形成一定的信念、价值观和习惯，从而使人们自觉地通过自己的判断规范自己的信息行为。

信息道德作为信息管理的一种手段，与信息政策、信息法律有着密切的关系，它们各自从不同的角度实现对信息及信息行为的规范和管理。信息道德以巨大的约束力，在潜移默化中，规范人们的信息行为，信息政策和信息法律的制定与实施必须考虑现实社会的道德基础；而在自觉、自发的道德约束无法涉及的领域，以法制手段调节信息活动中各种关系的信息政策和信息法律则能够发挥充分的作用；信息政策弥补了信息法律滞后的不足，其形式较为灵活，有较强的适应性，而信息法律则将相应的信息政策、信息道德固化为成文的法律、规定、条例等形式，从而使信息政策和信息道德的实施具有一定的强制性，更加有法可依。信息道德、信息政策和信息法律三者相互补充、相辅相成，共同促进各种信息活动的正常进行。

（2）信息意识。它是指人对信息敏锐的感受力、判断能力和洞察力。

信息意识，即人的信息敏感程度，是人们对自然界和社会的各种现象、行为、理论观点等从信息的角度理解、感受与评价。通俗地讲，就是面对不懂的东西，能积极主动地去寻找答案，并知道到哪里、用什么方法去寻求答案，这就是信息意识。

（3）信息能力。它包括信息获取、加工处理、组织管理、分析评价、思维创新与交流能力等。

2. 信息人力资源管理

（1）信息人力资源规划。人力资源规划（Human Resource Planning，HRP）是一项系统的战略工程，它以企业发展战略为指导，以全面核查现有人力资源、分析企业内外部条件为基础，以预测组织对人员的未来供需为切入点，内容包括晋升规划、补充规划、培训开发规划、人员调配规划及工资规划等，基本涵盖了人力资源的各项管理工作，人力资源规划还通过人事政策的制定，对人力资源管理活动产生持续和重要的影响。

企业的信息人力资源规划是该组织人力资源规划的重要组成部分。信息人力资源规划可以分为几个步骤：搜集有关信息资料，人力资源需求预测，人力资源供给预测，确定人员净需求，制定具体规划，人力资源规划的执行与评估。企业信息人力资源规划应该在明确信息资源管理的具体内容、分析不同类型的信息工作、详细完成信息工作的具体要求等的基础上拟定。

（2）信息人力资源招聘。人力资源招聘是指组织通过采用一些方法寻找、吸引那些有能力、又有兴趣到本组织来任职的人员，并从中选出合适人员予以聘任的过程。当组织中信息资源管理工作职位出现空缺或者由于组织内部进行结构调整，设立了新的信息资源管理职位时，组织就应该根据具体情况，招聘所需要的信息资源管理工作者。招聘工作一般包括制定招聘计划、发布招聘信息、收集应聘资料、组织笔试及面试、评估应聘人员和录用等环节。不同环节的工作有着不同的侧重点，在具体进行信息人力资源招聘时，应该加以注意。

（3）信息人力资源的绩效考评。绩效考评，是指对照工作目标或绩效标准，采用一定的考评方法，评定员工的工作任务完成情况、员工的工作职责履行程度和员工的发展情况，并将上述评定结果反馈给员工的过程。绩效考评的作用在于通过公平合理的评价手段来确定每名员工对组织的贡献，判断员工是否称职，并作为报酬决策等的依据，同时也对其他管理活动作出评价，促使这些活动朝着更优化的方向发展，从而提高企业的整体效率。企业信息人员的绩效考评对于促进信息工作人员发现自己工作中存在的不足、改进工作方法、提高工作质量，有着积极的作用。

（4）信息人力资源的培训。企业员工的培训与开发（简称培训）是指企业为了使员工获得或改进与工作有关的知识、技能、动机、态度和行为，以利于提高员工的绩效及员工对企业目标的贡献所作的有计划、有系统的各种努力。

信息人力资源的培训，是指企业为了实现组织目标、提高竞争力而有计划、有组织、多层次、多渠道地组织信息人员从事学习和训练，从而不断提高信息人员的知识和技能、改善信息人员的工作态度、激发信息人员的创新意识的管理活动。信息人力资源的培训程序一般分为四个步骤：培训需求分析、制定培训计划、培训实施和培训评估。

培训需求分析是指在规划与设计每项培训活动之前，由培训部门采取各种办法和技术，对组织及成员的目标、知识、技能等方面进行系统的鉴别与分析，从而确定培训的必要性及培训内容的过程。培训需求分析就是采用科学的方法，弄清谁最需要培训、为什么要培训、培训什么等问题，并进行深入探索研究的过程。它具有很强的指导性，是确定培训目标、设计培训计划及有效实施培训的前提，是现代培训活动的首要环节，是进行培训评估的基础，对企业的培训工作至关重要，是使培训工作准确、及时和有效的重要保证。

制定培训计划的步骤包括：确认培训与人力发展预算；分析员工评价数据；制定课程需求单；修订符合预算的清单；确定培训的供应方；制定和分发开课时间表；为培训安排后勤保障；安排课程对应的参训人员；分析课后评估，并据此采取行动。

实施培训方案包括：确定培训目的、培训课程、培训人员、培训场地、培训讲师、培训形式和培训时间等。当然，培训内容可以根据培训的重要程度适当删减，重要、复杂的培训要求详细具体，不是很重要的培训可以简单笼统一些。

培训评估是一个运用科学的理论、方法和程序，从培训项目中收集数据，并将其与整个组织的需求和目标联系起来，以确定培训项目的价值和质量的过程。建立培训评估体系的目的，既是检验培训的最终效果，同时也是规范培训相关人员行为的重要途径。培训评估的方法有：笔试测验法、实操测验法、观察法、提问法（面试法）与案例测验法。

（二）信息组织保障

1. 设立专职信息管理部门

为了有效地收集各类信息，提供及时有效的服务，企业应该单独成立一个信息管理部门，在人员上，应该包括信息业务人员、信息技术人员和高层信息主管。

信息业务人员主要是利用各种信息技术和企业信息管理系统，负责搜集、组织、分析和提供企业所需的各类信息。

信息技术人员主要包括信息系统设计员、信息管理网络系统管理员、信息管理应用程序开发员、数据库管理员和数据通信专家。

高层信息主管也就是首席信息官（Chief Information Officer，CIO），是负责一个公司信息技术和系统所有领域的高级官员。他们通过指导对信息技术的利用来支持公司的目标。他们具备技术和业务过程两方面的知识，具有多功能的概念，常常是将组织的技术调配战略与业务战略紧密地结合在一起的最佳人选。

2. 健全企业信息管理制度

没有完善的管理制度，任何先进的方法和手段都不能充分发挥作用。为了保障信息管理系统的有效运转，必须建立一整套信息管理制度，作为信息工作的章程和准则，使信息管理规范化。建立完善的信息管理制度主要包括以下几个方面的工作。

（1）建立原始信息收集制度。一切与组织活动有关的信息，都应准确、毫无遗漏地收集。为此，要建立相应的制度，安排专人或设立专门的机构从事原始信息收集的工作。在组织信息管理中，要对工作成绩突出的单位和个人给予必要的奖励，对那些因不负责任造成信息延误和失真，或者出于某种目的胡编乱造、提供假数据的人，要给予必要的处罚。

（2）规定信息渠道。在信息管理中，要明确规定上下级之间纵向的信息通道，同时也要明确规定同级之间横向的信息通道。建立必要的制度，明确各单位、各部门在对外提供信息方面的职责和义务，在组织内部进行合理的分工，避免重复采集和收集信息。

（3）提高信息的利用率。信息的利用率，一般指有效的信息占全部原始信息的百分率。这个百分率越高，说明信息工作的成效越大；反之，不仅在人力、物力上造成浪费，还使有用的信息得不到正常的流通。因此，必须加强信息处理机构和提高信息工作人员的业务水平，健全信息管理体系，通过专门的训练，使信息工作人员具有识别信息的能力。同时，必须重视用科学的定量分析方法，从大量的数据中找出规律，提高科学管理水平，使信息充分发挥作用。

（4）建立灵敏的信息反馈系统。信息反馈是指及时发现计划和决策执行中的偏差，并且对组织进行有效的控制和调节，如果对执行中出现的偏差反应迟钝，在造成较大失误之后才发现，这样就会给工作带来损失。因此，组织必须把管理中的追踪检查、监督和反馈摆在重要地位，严格规定监督反馈制度，定期对各种数据、信息作深入的分析，通过多种渠道，建立快速而灵敏的信息反馈系统。

3. 调整企业组织结构

信息化时代要求企业组织结构具有高度开放性、有效协作性及分权等特征。同时，企业的大量工作都是面向信息和提供解决方案的，任务具有较强的变化性和多样性，这就要求企业的组织结构设计不能过于规范化和集权化，要求中等控制幅度和大量的横向沟通。

（三）信息方法保障

1. 信息搜集方法

（1）直接观察法。它是指信息搜集人员在信息源现场，凭借本人的感觉器官和思维及借助必要的设施设备，客观地记录信息源产生的信息的一种信息搜集方法。

（2）调查法。它是为了达到设想的目的，制定某一计划，全面或比较全面地收集研究对象的某一方面情况的各种材料，并作出分析、综合，得到某一结论的研究方法。它的目的可以是全面把握当前的状况；也可以是为了揭示存在的问题，弄清前因后果，为进一步的研究或决策提供观点和论据。调查法主要包括访问调查法、问卷调查法和网络调查法等。

（3）文献法。也称历史文献法，就是搜集和分析研究各种现存的有关文献资料，从中选取信息，以达到某种调查研究目的的方法。它所要解决的是如何在浩如烟海的文献群中选取适用于课题的资料，并对这些资料作出恰当的分析和使用。

（4）实验方法。它能通过实验过程，获取其他手段难以获得的信息或结论。实验者通过主动控制实验条件，包括对参与者类型的恰当限定、对信息产生条件的恰当限定和对信息产生过程的合理设计，可以获得在真实状况下用调查法或观察法无法获得的某些重要的、能客观反映事物运动表征的有效信息，还可以在一定程度上直接观察研究某些参量之间的相互关系，有利于对事物本质的研究。

2. 信息排序

企业的信息排序活动包括优化选择、确定标识、组织排序和改编重组等几个方面。

优化选择是根据用户需求，从信息流中，把符合既定标准的一部分信息挑选出来的活动，是信息内容、传递时机、传递方式等信息流诸要素与用户需求相匹配的过程。

确定标识是指确定该信息所具有的区别于其他信息的基本特征，并以适当的形式描述之，使其成为该信息的标识，以便于人们在需要的时候，能够通过各种方便的形式，查询、识别并获取该信息。

组织排序是在对信息进行标识之后，按照一定的规则和方法，把所有信息记录组织排列成一个有序的整体，以便于用户获取。

改编重组是对原始信息进行的汇编、摘录、分析及综合活动，即根据用户的需要，将分散的信息汇总起来，在提取相关信息并适当改编和重新组合后，形成的集约化的优良信息产品。

3. 信息分析

信息分析是指以定性和定量方法，通过对社会信息的收集、整理、鉴别、评价、分析和综合等系列化的加工过程，形成新的、增值的信息产品，最终为不同层次的科学决策服务的一项具有科研性质的智能活动。信息分析一般分为课题选择、制定课题研究计划、信息收集、信息整理及鉴别与分析、报告编写等环节，也可以分为整理、评价、预测和反馈等四个阶段。

具体来说，整理体现在对信息进行收集、组织，使之由无序变为有序；评价体现在对信息价值进行评定，以达到去粗（取精）、去伪（存真）、辨新、权重、评价、荐优之目的；预测体现在通过对已知信息内容的分析，获取未知或未来信息；反馈体现在根据实际效果，对评价和预测结论进行审议、修改和补充。

4. 信息传播

信息传播是指通过一定的渠道和方式，将可以利用的信息及时有效地提供给相关的用户群。信息传播是企业信息保障工作中的重要环节。可以分为组织内部的信息传播和组织外部的信息传播两种形式。

第四节　企业信息战略绩效评价

一、 当前企业信息化绩效评价工作中存在的主要问题

从我国企业信息化绩效评价工作发展的现状来看，虽然已有初步基础，但由于此项工作起步较晚，且缺乏系统性研究，尚面临着很多问题，企业信息化发展不均衡和失败率高，主要来自非技术性的管理、组织和思想关键方面的因素，也包括企业所在环境和体制的影响、传统陋习的影响、企业文化对人们思想的影响，仍不能适应信息化建设的客观需要。

总的来看，我国的企业信息化绩效评价工作主要存在以下几个方面问题。

1. 企业信息化绩效评价工作缺乏制度保障

从国外企业信息化绩效评价工作的发展实际看，企业信息化绩效评价工作要取得实效，必须得到必要的立法支持，而且要制度化、经常化。而我国

目前企业信息化项目虽然也要求从立项决策、建设决策和竣工验收等阶段实施全过程评价，但迄今尚未出台全国统一的有关企业信息化绩效评价工作的法律法规，使我国企业信息化绩效评价工作缺乏法律约束和制度保障。

2. 企业信息化绩效评价工作没有明确的管理机构

目前，业界缺乏一个有权威性的企业信息化绩效评价综合管理机构，企业信息化绩效评价工作主要分散在各管理部门进行，各部门又主要是从技术性能、项目工程管理方面进行企业信息化绩效评价，指标、方法和组织程序差异大，难以形成统一的、全面的企业信息化绩效评价。标准不统一，使企业信息化绩效评价结果差异大，缺乏可比性，难以保障企业信息化绩效评价结果的客观公正性，这是目前我国企业信息化绩效评价工作发展滞后的重要原因。

3. 企业信息化绩效评价工作缺乏科学的方法体系

目前，各有关部门的企业信息化绩效评价主要是通过若干固定的财务、技术和工程管理指标进行全过程评价。其中，侧重于技术和工程及资金使用的合法性评价，对资金的使用效益评价不足。同时，各部门评价指标设置呈单一性特征，并且缺乏一套建立在严密数据分析基础上的科学、统一、完善的指标体系，不能满足从不同层面、不同行业、不同支出性质等方面进行综合、立体评价的要求。由于缺乏科学、规范的方法、指标，影响企业信息化绩效评价结果的公正合理性，这种技术性缺陷也是我国企业信息化绩效评价工作发展缓慢的直接原因。

4. 企业信息化绩效评价工作内容不完整

由于我国企业信息化绩效评价工作缺乏科学、规范、合理的方法指标体系和健全的组织工作体系，使得企业信息化绩效评价工作内容不完整。主要侧重于合法性评价，而忽视效益评价。从总体上看，目前各有关部门进行的企业信息化绩效评价工作带有明显的审计特征，即重点审核项目支出行为是否符合现行财务政策和国家有关规定，但往往忽视对项目效率或发展效益方面的评价，或由于评价指标设置不完整，不能进行项目的效益评价。

5. 企业信息化绩效评价结果约束乏力

由于企业信息化绩效评价工作体系不健全，缺乏法律规范，企业信息化绩效评价结果只是作为各有关部门项目建设档案保存，或作为有关部门加强新上项目管理的借鉴或参考，对于资金支出项目中的成绩、问题与相关责任，对项目执行过程中各个环节的责任人并没有任何直接约束，不仅使企业信息化绩效评价工作流于形式，而且影响了企业信息化绩效评价工作的权威性，制约着企业信息化绩效评价工作的深入开展。

以上问题的存在，直接影响了我国企业信息化建设的规范、合理运作。在企业的竞争能力越来越依赖于信息化工作的环境下，在企业越来越重视信息化的绩效产出的情况下，有效的绩效评价与管理制度是提高企业核心竞争力、实现企业价值的重要基础。企业如果能够在信息化过程中，逐渐建立以信息化的能力和绩效为基础的评价与管理体系，并在持续改进中不断完善，就能够掌握市场竞争的主动权。

因此，必须尽快建立起科学、规范的企业信息化绩效评价工作体系。一方面，政府应该发挥宏观调控的作用，规范信息化投资行为，提高信息化的投资效益，最终建立起重视信息化绩效的制度；另一方面，企业内部也需要采取一定的对策，进行绩效的管理与优化，从而建立起一套科学合理的绩效评价体系。

建立和推行企业信息化绩效评价制度，科学评判企业信息化的经营成果，有助于正确指导企业经营行为，帮助企业寻找信息化建设失败的原因和经营存在的弱点，促进企业加强信息化管理，为企业制定信息系统的经营战略和考核经营业绩提供参考依据。

二、 宏观层面的绩效管理制度

企业信息化绩效评价是一项涉及范围广、内容复杂的系统工程，无论是评价工作的组织实施，还是评价结果的具体应用，都必须遵循一定的制度规范。企业信息化建设向着纵深发展，必然要在更深层面上解决体制和机制问题，从宏观层面建立并推行企业信息化绩效评价的有关工作制度。

1. 政府通过政策法规进行引导

由于企业自身的局限性，企业对绩效管理的认识需要经历一个从被动接受到主动认识的过程，如果仅靠企业自身逐渐建立和完善绩效管理制度，将是一个漫长的过程。政府的政策推行和立法引导是完善企业绩效管理制度的捷径，有助于从宏观上创建重视绩效管理的氛围，由强制执行逐渐引导企业走向自主进行绩效管理的正轨。美国在推行 IT 绩效管理制度方面，政府起到了非常重要的引导作用。自 20 世纪 90 年代以来，美国相继颁布了各种法令，通过政府行为引导组织重视 IT 的绩效。这些相继出台的立法都要求 IT 绩效管理的改善，并强调实施的责任及强调结果导向的管理。法案中定义了成本绩效和进度目标，提出通过 IT 来简化联邦组织的计划，这些法案的颁布促进了结果导向的绩效管理的发展。这些法案的颁布对 IT 绩效管理起到积极的推动作用。组织的高层领导不得不增强对 IT 绩效的重视程度。然而，对组织机构的管理者而言，其最终目标不只是要建立符合这些法令和法规要求的形式，而是如何使用有效的 IT 管理方法和系统来管理与衡量绩效。因此，绩效管理逐渐由政府强制执行过渡到企业要求自主评价的轨道上。

美国政府在绩效管理上的这套做法对我国也具有很强的借鉴意义。目前，我国政府已经通过法律、规章制度对信息系统的开发、运行及维护过程进行控制，以确保信息系统的安全与质量。尤其对于政府公开政务、银行、保险、国防安全等对安全和实时响应的要求很高，并关系着国际民生的信息系统，都通过法律和制度进行严格控制。对于一些上市公司，为了保护投资者的利益，法律法规方面的外部控制也起着很大的作用，必须按照一定的规章制度来进行。这说明我国政府在保证信息化的质量上，已经发挥了重要作用。随着政府对信息化绩效的日趋重视，也会采用法律和制度的手段来规范企业信息化的绩效管理，出台相应的制度规范。明确全国企业信息化绩效评价工作规则、工作程序、组织方式及结果应用等，这对推动信息化建设朝着理性、有序的方向发展，具有非常深远的意义。

2. 引入 IT 审计制度

要想实现信息化建设健康发展，虽然法律、规章制度起到非常重要的作用，但是这远远不够，必须在业界范围内，通过行业监控的形式来规范、落实组织内部控制及政府与市场监督体系的动态机制。

目前，国内已经逐渐开始引入国际上较为通行的 IT 审计制度，来加强对整个信息化建设的控制。IT 审计是一项独立的验证活动，主要是由独立的具有资格的第三方对 IT 的有效性、效率和安全性进行审计。

IT 审计制度能够有效地控制信息资源投入的风险，从而确保信息资源的增值，有效地规范行业秩序。鉴于中国 IT 服务业未来巨大的增长空间，国际知名咨询顾问公司、专业技术服务提供商等纷纷抢占中国市场，提供符合国际标准的信息系统审计服务，这也对我国发展 IT 审计起到了一定的推动作用。

3. 发展第三方的咨询服务

发展第三方的咨询服务也是促进绩效评估制度建立的一种有效举措。鉴于企业 IT 应用项目的复杂性，没有经历过实际项目的人根本无法把握整个项目的推进和有效规避风险，因此，企业需要第三方的咨询服务机构，即借助专业的 IT 管理咨询公司的帮助。

课堂笔记

通过独立的第三方提供的信息化管理诊断和业务流程优化咨询服务，对其信息化系统建设过程描绘清晰的远景，建立基于核心竞争战略的、以 IT 战略为主导的信息化总体规划，并建立基于 IT 战略规划的业务流程功能模型。第三方的管理咨询公司可以为企业用户提供从前期的 IT 战略咨询、信息化管理诊断、业务流程优化、信息化项目可行性研究、信息化系统总体规划和信息系统设计。在信息化实施过程中，第三方可以为信息化项目界定实施中与实施后评价标准，建立甲乙双方沟通协调的平台，建立完整的企业信息化绩效评估体系，避免由于需求不明确、评估标准不统一而导致的企业信息系统建设延期的现象发生，从源头上降低信息化失败的风险，最终改善企业信息化绩效。"企业用户－独立的第三方管理咨询公司－IT 厂商"模式不仅是企业信息化服务市场健康发展的需要，也是实现 IT 厂商与企业用户双方共赢的最佳模式。

三、 微观层面的绩效管理与优化

宏观层面的制度建立有助于培育外部环境，形成注重信息化绩效的良好氛围。而微观层面的绩效管理与优化措施能够切实帮助企业解决在信息化推进过程中存在的盲目投资、系统建设缺乏有效监控、系统运行效益与期望收益不符等实际问题。下面仍然从战略实施、管理控制和项目管理关键环节入手，提出企业信息化绩效管理与优化的具体措施和建议。

1. 从战略实施角度进行优化与管理

战略决定了企业信息化的方向。企业信息化需要制定明确的战略目标，只有目标明确，才能策略得当、控制有力，从而避免项目失控。从战略实施角度进行优化与管理，主要包括两方面的内容：如何正确地选择信息化战略，如何正确地实施信息化战略。

2. 从管理控制角度进行优化与管理

管理控制决定了企业信息化是否沿着既定的目标前进。企业信息化需要制定明确的战略目标指导，但是更离不开控制与管理，只有控制得力、管理有效，才能避免项目失控。从管理控制角度进行优化与管理，主要包括几个方面的内容：落实绩效责任制，加强对人员的控制；调控绩效指标，加强对指标的控制；建立数据平台，加强对数据的控制。

3. 从项目管理角度进行优化与管理

信息化项目的导入是企业一项全面性的管理革新，其涉足之广、环节之多，必须有好的计划能力和执行能力才能顺利完成，一个管理粗放、纪律松弛、缺乏计划的项目团队很难实现信息化的绩效目标。因此，加强项目管理也是绩效管理的必然要求。

四、 战略信息管理绩效评价之平衡计分卡

传统的绩效评价只注重财务指标，造成了许多缺陷。例如，只能衡量过去发生的事情、过去经营活动的结果，无法评估组织前瞻性的投资；只使用财务指标衡量绩效，容易导致管理者过分注重短期的财务成果，而采取一些"杀鸡取卵"的短视行为等。"平衡计分卡"不仅提供评估过去成果的财务性指标，同时对顾客、内部过程及学习与成长等方面进行绩效考核，弥补传统绩效评价方法的不足。

战略信息管理是一种服务职能，它通过为业务部门和决策部门提供支持与服务来创造价值。它可以为企业带来直接经济效益和无形效益。

战略信息管理的无形效益包括：

（1）企业反应能力的提高；

（2）工作流的改善和任务的简化；

（3）员工的生产力和创造力的增强；

（4）企业内部部门之间协同性的改善；

（5）对企业资源获取和管理的支持；

（6）对企业经营决策效果的影响；

（7）企业竞争能力的提高等。

这些无形效益是有关企业长远利益的，是一种内隐性的收益，无法直接采用传统的财务绩效指标来衡量。"平衡计分卡"利用财务和非财务指标，可以全面、综合衡量战略信息管理的绩效水平。除了对绩效的评价，"平衡计分卡"还可以用来监控和调整企业战略信息管理活动，使之始终与企业战略目标相一致。

1. 任务目标的描述

建立战略信息管理绩效评价的"平衡计分卡"。首先，应该勾画出企业的愿景，明确企业的战略目标；然后，以战略目标为核心，规划企业战略信息管理的任务目标。这种任务目标要简单明了，并对价值链上的每一个环节都有意义。使每一个环节都可以采用一些绩效衡量指标，评价在本环节上战略信息管理的运行情况。

战略信息管理的总体目标是优化和改善企业管理、决策与创新等效果。

具体来说，企业战略信息管理要为企业构建合理、畅通的信息网络，确保价值链上各个环节的战略协调，确保各环节的有效运行，为管理的健康运转提供所需信息，及时满足管理者的信息需求，保障信息共享和信息安全，增强企业应对内外部变化的反应能力，为战略战术决策的制定提供高质量的、有效的和充分的信息依据。

明确了战略信息管理的任务目标，以"平衡计分卡"为工具，从财务、顾客、内部过程和学习与成长四个方面，将战略信息管理的任务目标进行分解，考核每个维度上战略信息管理的绩效成果。

2. 财务方面的绩效评价指标

战略信息管理是企业任何管理框架中所不可缺少的，其实施也必须有一定的人、财、物的投入，战略信息管理的开展也是有成本的，包括信息和通讯技术的软硬件、人员的薪酬福利支付及培训费用等投入资本。虽然它不能直接创造经济效益，但其所作的贡献最终会在企业利润中显现出来。

财务方面的指标衡量战略信息管理的开展是否为最终经营成果的改善作出了贡献，可以用产品销售额的增量、战略信息管理的总收益、战略信息管理的利润及战略信息管理的投资回报率等作为评价指标。

产品销售额的增量在这里是指企业实施战略信息管理后与本企业实施战略信息管理前相比，总销售额的增长数量。

战略信息管理的总收益是由战略信息管理的开展带来的决策效率提高、各环节协调性增强、风险规避能力提高、产品附加值增加、生产效率提高等直接或间接增加企业收益的改进效果形成的，它包括因为战略信息管理的引入带来的所有收益。

战略信息管理为企业带来的利润可以用战略信息管理的总收益与战略信息管理的财务成本之差来表示。另外，也可以根据战略信息管理实施前后，企业总利润的提高来计算战略信息管理的利润，这种计算方法可以很明显地表达战略信息管理工作对企业利润的贡献。

战略信息管理的投资回报率计算公式如下：

$$\frac{战略信息管理}{的投资回报率} = \frac{战略信息管理的利润}{战略信息管理的财务成本} \times 100\%$$

$$= \frac{战略信息管理的总收益 - 战略信息管理的财务成本}{战略信息管理的财务成本} \times 100\%$$

3. 顾客方面的绩效评价指标

战略信息管理的顾客分为企业内部顾客和企业外部顾客两种。

内部顾客是战略信息管理的直接服务对象，即企业内部员工，及时地向他们传递合适的信息，辅助其决策制定，提高其工作效率；外部顾客是企业产品或服务的提供对象，即企业客户，战略信息管理可以间接提高企业对其客户的服务质量。

内部顾客方面绩效评价指标包括：内部顾客满意度、战略信息管理实施比率、战略信息管理实施保持率和战略信息管理实施范围扩展率等。

外部顾客方面绩效评价指标包括：客户满意度、市场占有率、老客户的保持率、新客户的获得与退货率等。

内部顾客满意度可以用如下公式计算：

$$内部顾客满意度 = \frac{员工信息需求被满足的总次数}{企业全体员工提交信息需求的总次数} \times 100\%$$

该公式表示内部员工的信息需求的被满足程度，从客观上反映了战略信息管理中信息搜集和传递的效果及员工获得信息的便利性，但该公式中的数据不易获得。对客户满意度的测评，提倡采用问卷调查和客户访谈方式。

只有顾客对提供的产品或服务感到满意或超值的时候，才能得到顾客的忠诚、留住顾客并获得新顾客。因此，战略信息管理实施保持率和战略信息管理实施范围扩展率可以反映内部顾客的满意度，各指标计算公式如下：

$$战略信息管理实施比率 = \frac{实施战略信息管理部门数}{企业部门总数} \times 100\%$$

$$战略信息管理实施保持率 = \frac{当期实施部门数 - 当期新增实施部门数}{上期实施部门数} \times 100\%$$

$$实施范围扩展率 = \frac{期末实施的部门数 - 期初实施的部门数}{期初实施的部门数} \times 100\%$$

对于外部顾客满意度、市场占有率、老客户的保持率、新客户的获得率和退货率的评价，可以通过计算开展战略信息管理之前与开展战略信息管理之后，企业在这几个指标上的改观来评价战略信息管理工作的绩效。

4. 内部过程方面的绩效评价指标

内部过程是指产品研发、生产或提供服务及售后服务等一系列价值链的过程。内部过程也就是企业的价值链过程。

5. 学习与成长方面的绩效评价指标

战略信息管理学习与成长方面绩效评价指标包括：战略信息管理人员满意度、战略信息管理人员保持率、内部激励机制的有效性、战略信息管理工作流程的改进效率、战略信息管理人员的岗位胜任度、战略信息管理人员平均培训次数和战略信息管理人员的"人均再培训投资"。

战略信息管理人员满意度可以通过访谈或问卷调查的方式获得。对于满意度，可以调查战略信息管理人员对战略信息管理工作的满意程度、对整个企业的满意程度、本职工作得到认可的程度、对团队负责人领导能力和威望认可程度、团队精神和凝聚力的满意程度、其创新行为是否得到鼓励及决策行为的参与度等内容。

$$\text{战略信息管理人员保持率} = \frac{\text{期末人员数量} - \text{该期新进战略信息管理人员数量}}{\text{期初人员数量}} \times 100\%$$

内部激励机制的有效性可以通过对战略信息管理工作激励目标的明确程度和战略信息管理人员对考核目标的完成情况的考查来打分。

战略信息管理工作流程的改进效率可以通过对企业信息需求反应时间减少、信息质量和有效性提高的综合打分确定。

战略信息管理人员的岗位胜任度可以通过对他们的专业技能考核及完成实际任务的有效性和时间测评。

战略信息管理人员平均培训次数可以用当期为战略信息管理人员组织的总培训次数与当期战略信息管理人员数量的比值得到。

战略信息管理的"人均再培训投资"则是当期战略信息管理培训总投资与当期战略信息管理人员数量的比值。

第五节 企业信息化的误区及策略

企业信息化是指企业利用现代信息技术，通过对信息资源的深化开发和广泛利用，不断提高生产、经营、管理、决策的效率和水平，进而提高企业经济效益和企业竞争力的过程。目前，我国企业信息化总体水平低，还处于初步阶段。种种迹象表明，企业在进行信息化建设的进程中，一面接受着先进管理思想的洗礼，一面又在不断地陷进信息化认识上的种种误区。

一、 企业信息化存在的认识误区

（一）企业信息化的基本认识误区

1. 重要性认识不足

这种认识主要表现在许多中小企业中，特别是私营企业。他们简单地认为，原有的管理方式和管理手段在未来也能赚钱，信息化建设没有必要。当然，对于那些管理落后、并没有真正理解信息化的企业而言，因为推迟信息化而破产的寥寥无几，但因为曲解信息化而垮台的却俯拾皆是。

2. 对信息化建设缺乏系统认识

在我国企业信息化建设初期，人们大多将"企业信息化"概念当作一个技术问题，认为信息化的主要任务是集中在对软硬件系统的选型采购方面。同时，信息化的工作也被视为"技术性"的工作，大多交由处于企业中下层的"技术人员"担当。企业投入了大量的资金，购买了先进的硬件和网络设备，建立了计算中心，引进了著名的软件系统，认为这样就完成了企业的信息化任务。其实，在信息化社会里，信息技术好比工业社会的机械技术，它是社会重要的和基本的生产、技术手段。20 年的发展历史表明，大量的设备被闲置，高端的计算资源被极大地浪费，企业的生产效率依然低下，信息化走进了硬件与技术的误区。这种现象在我国多数企业中普遍存在过，而且存在了相当长的时间。

3. 企业信息化建设业务部门主导有误区

有些企业提出了"企业信息化应当由业务部门主导"的观点。在我国企业信息化建设过程中，一些企业的业务部门片面地理解了自己在信息化中的地位和作用，出现了不利于发展的现象，如有的企业管理的业务部门认为："业务部门的主导作用就是由用户提出需求，由信息部门来实现。"抱有"你开发，我使用"的态度，通常，没有主动地参与到开发过程中去，这样的结果可想而知。

4. 对自身信息化的需求没有深刻的认识

许多企业认为信息化是一种潮流，从而为了信息化而信息化。在没有进行充分的需求分析的基础上，企业受到厂商的宣传与鼓励，盲目地作出决策。实际上，信息化并不是赶潮流，而是希望通过信息技术，对我国企业长期以来形成的种种业务及管理上的落后之处，以科学的方法精细化、系统化，从而提升企业的核心竞争力。不经过系统的战略分析、管理分析与实施分析，面对 IT 应用市场的一片繁荣景象，各种方案层出不穷，企业往往仓促上阵，缺乏选择的标准与方法，被动地接受厂商的方案，结果造成了方案不切合实际，从信息化的初始阶段就埋下了隐患。

（二）信息化实施方法认识误区

1. 重硬件、轻软件

我国许多企业信息化建设中还存在明显的"重硬轻软"现象，主要表现为：一方面，有不少单位重视对硬件设备的投资，却忽视软件系统的建设与管理，致使许多一流的硬件设备上运行的却是二流乃至三流的软件系统；另一方面，更多的单位将信息化建设简单地理解为软硬件系统的构建，而忽视了信息的收集、整理与利用这一信息化建设的基础性工作，致使耗费巨资构建的系统成为没有信息运行的"裸网"。

2. 重技术、轻环境

技术的领先性和技术的实用性一直困扰着企业信息化建设时的选型。现在有些企业在信息化建设时，提出的口号常常是："我们要用最先进的技术，确保在同行业中领先。"往往由于企业自身业务流程不清，管理架构不明确，面对"先进"管理方案时，找不到契合点，导致系统实施陷入拖延与拉锯状态。在信息化飞速发展的今天，没有哪一种技术能够保证永不落后，信息化不是赶时髦、看见别人在做什么我们就赶快跟什么，而应从企业的实际情况出发，以推动企业的发展、提高经济效益为目标，研究什么技术、什么应用最能收到社会和经济发展实效，将之作为最适合本企业信息化发展的技术。

3. 重建设、轻管理

俗话说：信息系统是七分管理、三分技术、十二分数据，是一个复杂的系统工程。信息化建设是一个动态的过程，必须根据企业实际，随时加以维护与更新。而我国许多企业在实施信息化建设的过程中，企图追求一劳永逸，在构建系统时热情高涨；系统建设告一段落后，就不再花费心思对其进行维护与管理，使得许多单位的系统中存放的始终是过时的信息，基本无法对企业经营管理水平的提高发挥促进作用。

（三）企业信息化实施效果认识误区

1. 把企业信息化视为灵丹妙药

很多企业在经营上出现问题时，认为"上了信息系统，问题就解决了"，都希望通过信息化来改善市场表现。然而，信息化只能帮助企业构筑可持续发展的竞争力，是锦上添花，而不是企业的救命稻草。一是信息化并不能解决企业经营层面的问题；二是信息化需要一定的投入，而且信息化效果需要运营一段时间后才能显现。实际上，信息化是一个行为放大器，如果你很聪明，它就放大你的聪明；如果你很愚蠢，它就放大你的愚蠢。对于企业是一样的道理。

2. 信息化建设需要一步到位

很多企业在决定信息化建设后，往往雄心勃勃，打算"而今迈步从头越"，把以前未能"超美赶英"留下来的遗憾留到现在来解决。在企业原来没有信息化建设或很少信息化建设的情况下，希望能够一步到位，一下子就想把信息化到位到电子商务、ERP 系统、CRM 系统等暂时对企业作用不大的功能上来。但结果基本上不是我们的企业决策者所能猜到的，尽管他们知道了开始。因为只有当企业信息化与企业所处的环境、基础、人员素质等相适应时，才能真正提高企业的竞争力，否则只能是误了"卿卿热情"。

3. 信息化会自动实现企业的目标

许多企业老板认为，上了信息化，就有了商业智能决策系统，从而放松了对企业的管理，放松了对信息系统的学习与应用。这种想法非常不可取。企业要达到生存发展目的，目前主要还是需要在管理上动脑筋，信息系统只是帮助企业进行规范管理的一个工具而已。企业的生存发展到底还是要用制度来指导人的行为，从而实现管理的规范与业务的规范，最终提高企业的竞争力。所以，即便是企业已完成了信息化建设，企业的决策人也始终需要对信息系统进行经常性的分析，同时对企业存在的问题进行归类，作全面、深入的分析，找出造成这些问题的根本原因及解决这些问题的方法和措施，从而去改进这个工具的能力，使之适应企业发展；而不是把它直接交给计算机部门那么简单。

误区是一种在相当长一段时间内存在的社会现象。因而，我们既不能将"信息化"神化，也不能在社会普遍存在"信息化误区"的同时，一味地指责企业的错误认识，而是应该帮助企业树立科学的"信息化建设观"，走出误区。

二、 企业信息化建设的原则

虽然各个企业的信息化系统都不尽相同，但是有效的系统规划仍有一些共同特征，它们既是任何企业实施信息化都应遵循的原则，也是获得信息化建设成功的必要条件。根据信息化建设的长期经验和体会及人们对信息化实施过程的研究，许多人提出过有效实施信息化的基本原则，总的来说，可以概括为以下四条。

1. 经济原则

它是指因实施信息化而发生的成本，不应超过因缺少信息化而丧失的收益。经济原则要求信息化实施要有减低成本、纠正偏差的作用，具有实用性，讲求"好用、实用、够用"，不盲目追求技术的"新""奇""高"。注重与国际经济、技术发展相衔接，但更要从企业实际出发，充分考虑集成的适时、适度，考虑企业现有基础情况和现实承受能力，考虑企业的观念、人、组织和基础管理等是否能够适应实施信息化工程的要求。

2. 因地制宜原则

它是指信息化系统必须个别设计，适合特定企业、部门、岗位和成本项目的实际情况，不可照搬别人的做法。适合特定企业的特点，是指大型企业和小型企业，老企业和新企业，发展快和相对稳定的企业，这个行业和那个行业的企业，同一个企业的不同发展阶段，其管理重点、组织结构、管理风格和成本控制方法都应当有所区别。对于企业而言，信息化是一项工作或一类事件、任务等，企业信息化这一事件、任务可在不同的理念指导下，用不同的方法和手段实施。没有任何一项技术或软件产品可以包打天下，也没有任何一种技术观点可以解决所有企业的问题，信息化究竟走什么道路，必须针对不同企业的实际，进行具体分析，然后根据企业特点，考虑采用不同的模式进行。

3. 全员参加原则

企业信息化既是"一把手工程"，也是"全员工程"。因为信息化过程强调知识转移，要求用户自始至终地参与其中。有效实施信息化的关键是调动全体员工的积极性。全体员工认识上的一致是项目顺利实施的基本前提，全体员工的支持和理解是胜利之本。为调动全体员工信息化应用的积极性，应该制定良好的信息化培训计划，鼓励员工积极为信息化规划提供意见和建议，冷静地处理初期信息化应用所可能产生的不适应状况。

4. 领导推动原则

由于信息化建设涉及全体员工和各级管理人员，甚至可能造成某些领导职权的降低，可以说，是一件"得罪人的事"，因此，必须由最高当局来推动。企业领导层应重视并全力支持推行信息化应用，以身作则，在自己的工作岗位上，积极使用信息化工具。还要有完成信息化改造的决心和信心，信息化建设的成败，也就是他们自己的成败。

以上四条原则基本涵盖了一般企业信息化实施可能遇到的问题，但是每个企业由于各自所处的状况不一，所以，在实施信息化过程中，还需要具体问题具体分析，对于以上观点也应该灵活运用，方能起到良好的效果。

总体来说，实施信息化改造对于每一个企业来说都是一次重大的战略决定，因而探寻一些值得总结的经验和理论，帮助企业树立科学"信息化建设观"，对于指导企业信息化是非常有用的。

三、 企业信息化策略

企业信息化作为推动和实现企业体制创新、技术创新、管理创新，增强企业核心竞争力的重要手段和必由之路，已被许多企业，特别是大企业普遍认同，并成为其战略选择。

但由于企业信息化是一项相当艰巨复杂的系统工程，对许多国内企业来说，仍然是全新的课题。而一些 IT 企业、咨询公司出于纯商业目的和竞争的需要，自觉、不自觉地误导企业，又进一步模糊了企业对信息化技术、应用及效果的认识，使他们对究竟如何规划与建设本企业的信息化更加茫然，或仓促上马招致失败，或迟疑不决贻误良机。

因此，对一批已经完成信息化战略抉择的用户企业来说，其当务之急是，在策略、战术上，借助外部的客观、中立、第三方的信息化咨询机构的知识、经验和力量，切实把握和解决好信息化规划与建设过程中的一些带有规律性、普遍性及策略性的问题，以确保其信息化建设顺利进行并取得成功。

1. 企业定位策略

在规划和建设信息化之前，企业高层决策机构首先应当借助外部的第三方信息化咨询机构，从经营战略、体制、技术、管理、企业文化、人力资源、行业环境和竞争地位等方面，对企业进行全面的自我诊断和准确定位，甚至重新定位。在此基础上，确定本企业信息化建设的关键需求、方针、范围、阶段、力度和深度，才能既不脱离企业自身特点、基础和条件，又能很好地服从、服务于企业未来经营发展和增强核心竞争力的需要。

2. 时机选择策略

什么时候启动本企业的信息化建设，从战略上讲，当然是"时不我待"，但从战术上看，并非所有的企业都适合"现在"就上马信息化项目。企业在体制、管理、观念、人员 IT 素质和资金预算等方面缺乏准备或准备不充分，都会成为信息化的阻力。

3. 全员培训策略

信息化项目启动前，借助咨询机构，对上至董事长、总经理，下至普通员工，就信息化意义、必要性、基本知识技能及预期效果等进行全员培训。它不仅有助于尽快形成全体员工对信息化建设总体思路、步骤等的共识；而且更重要的是，它有助于"擦亮用户的眼睛"，培养和提高企业管理层对信息技术、软件和解决方案提供商的认识与判断力。

4. 招标选型策略

国内外软件厂商，特别是 ERP 厂商参差不齐、鱼龙混杂。为确保正确选型，企业应当在咨询顾问机构的帮助和组织下，根据企业信息化建设统一规划的要求和不同阶段、不同应用系统的项目内容，编制标书，面向国内外 IT 企业进行广泛招标。

以上是企业在信息化项目准备阶段应当注意把握和解决好的 4 个策略问题。

5. 实施监理策略

在完成选型后，供应商、实施商进入企业，信息化项目进入实施监理阶段。企业作为甲方，供应商和（或）其实施商作为乙方（一个或多个），需要由第三方作为监理方来沟通和协调双方的关系，以确保项目能够按照规划内容、进度要求顺利进行和设计功能的全面如期实现。

6. 验收、评估策略

项目实施完毕，进入验收评估阶段。由于企业信息化项目的复杂性，在没有引入第三方的情况下，甲乙双方常常在项目是否可以结束、何时验收及依据什么标准验收等方面产生分歧。第三方咨询机构按照信息化规划、甲乙双方签订的合同与一套各方公认的信息化项目评估体系，站在中立的地位，对项目进行全面验收、评估。

7. 维护、扩展策略

验收、评估结束后，信息化项目就进入维护、管理与扩展阶段。对用户企业而言，项目竣工，一切才刚刚开始，因为系统建成正如生产线竣工，应用和投产才是目的。此阶段，企业与第三方咨询机构可以建立长期的战略合作关系。第三方咨询机构可以帮助企业进行阶段性信息化项目完成后的维护、管理与升级工作。

8. 行业专家参与策略

这一组织策略贯穿于上述 4 个阶段。第三方咨询机构要确保企业信息化成功，必须吸收真正的行业专家参与用户信息化项目；用户企业和 IT 企业也有理由要求其组建有行业专家参与的专家团队，针对上述各个阶段工作的需要，协同工作，为用户提供顾问服务。

思考题

10.1　企业信息管理的含义是什么？

10.2　企业信息管理的内容是什么?

10.3　知识管理的运作过程是什么?

10.4　知识管理的对策有哪些?

10.5　企业信息化的策略有哪些?

10.6　信息服务保障包括哪些具体形式?

10.7　企业信息保障体系包括什么?

10.8　信息人才的信息素养要求有哪些?

10.9　信息排序的方法有哪些?

10.10　信息技术保障有哪些?

10.11　当前企业信息化绩效评价工作中存在的主要问题有哪些?

10.12　宏观层面的绩效管理制度有哪些?

10.13　微观层面的绩效管理与优化措施有哪些?

10.14　战略信息管理的无形收益包括哪些?

10.15　战略信息管理的总体目标是什么?

10.16　用"平衡计分卡"进行战略信息管理绩效评价时，主要有哪些指标?

课堂笔记

第十一章 信息化对社会和组织的影响

第一节 信息化对企业经营环境的影响

信息技术以令人难以想象的速度改变着传统的经济结构和社会秩序。在这一革命浪潮中，企业所处的宏观经济环境已经不再是传统的物质经济环境，而是以网络为媒介，以客户为中心，将企业的组织结构、技术研发、生产制造、市场营销和售后服务紧密地融合在一起的信息经济环境。信息化对企业经营环境有着全方位的影响，它将彻底改变企业的经营思想、经营方法与经营模式。

一、信息化对企业经营环境带来的挑战

企业经营环境包括内部环境和外部环境。其中，内部环境包括组织结构、营销方式、内部沟通协调能力、顾客服务方式等；外部环境包括行业竞争结构、顾客行为、企业交易模式等。在信息化条件下，传统企业的内外经营环境都会发生根本改变。

（一）内部经营环境的变化

1. 组织结构方面

在组织结构方面，企业局域网的应用改变了企业组织内部的信息传递方式，无论是独立部门还是整个企业，无论是管理者还是生产者，信息技术作用于企业的每个人和每个运作流程，使每个人都成为"企业网络"上的一个节点，企业的组织内部之间的信息更加透明，结构趋于扁平。

企业旧有的金字塔式组织结构及各职能部门之间的鲜明的等级界限将为对等互联的职能部门所取代，原来起着上传下达作用的中层管理部门被削弱，甚至走向消失。企业的高层决策者可以方便、快捷地与基层执行者，甚至员

工直接保持联系，并且可以和他们进行实时决策。企业的管理团队在承担单独任务的同时，又兼有多种职能，并且可以根据市场变化去组织"跨职能"的团队工作。

2. 营销方式方面

在营销方式方面，传统的销售方式仍然是市场最主要的营销手段。但是，随着现代物流的飞速发展，互联网已经成为现代企业重要的营销工具。互联网营销在不颠覆传统销售方式的同时，成为现代企业营销方式的重要补充，它的功能不仅仅是通过互联网来销售产品，还包括提升品牌形象、增进顾客关系、改善市场服务和进行网上市场调研等方面。

3. 企业内部沟通协调方面

企业内部沟通协调是企业管理工作的核心内容，也是企业提高效率和信息资源共享的重要途径。传统的企业内部信息流通一般都是由上到下或由下到上逐级、线性地传播，信息载体一般包括面对面交流、电话、文件、会议、内部报刊、广播、宣传栏和意见箱等，这些方式都不同程度地受到时间和空间的限制。

而在信息化条件下，基于企业内网，使得企业内部沟通和协调可以通过新闻、BBS、网络会议等虚拟方式进行，遍布世界各地的任何子公司，或出差在外的任何一个员工，都可以实时地通过互联网、虚拟专用网（VPN）与总部保持联系，企业的地理位置和时间概念等因素的障碍被彻底排除。

传统的以面对面交流为主要手段的沟通协调方式为各种新兴的通信方式所替代。这些新兴的交流模式，使得企业内部的信息，既可以避免呆板的逐级缓慢地传递，也可以避免信息在传递中变形甚至相反，企业内部协调更加高效、透明，成本也更为低廉，为区域性企业向全国乃至全球范围扩张提供了便利的条件。

4. 顾客服务方式

传统的顾客服务方式主要是电话咨询、上门服务和开设服务网点等，它们都受到服务时间和地理位置等因素的影响，顾客服务难以做到十分完美，而且成本很高。

随着信息化的发展和深入，企业利用互联网为顾客服务提供了更快捷、方便的手段，比如 E-mail 咨询、自助式的在线服务与即时通信工具等。研究结果表明，随着网络和通信技术的快速发展，顾客服务打破了时间和空间的限制。随着社会生活节奏越来越快，顾客对服务的及时性要求越来越高，甚至要求获得实时服务。一些服务领先的电子商务公司已经提出了"60 分钟内回复"的承诺，这在传统的顾客服务方式下是很难实现的。

（二）外部经营环境的变化

从企业所处的外部环境来看，它是在国际公约和国家的政策方针引导下，由经济、政治、人文和法律等抽象因素及顾客、企业、营销类别、地域与时间等具体因素构成的。传统的企业经营环境所受到的这些因素的影响和制约都是局部性的。而现代企业，随着通信和信息技术的飞速发展，互联网把世界变成了"地球村"，企业经济活动的国界越来越模糊。传统的地域性企业不得不面向世界、面向更广阔的潜在市场。企业的发展空间也由国内走向国际，企业的经营同时面临着机遇和挑战。

1. 行业竞争结构方面

从行业的竞争结构方面来看，根据竞争战略专家波特的观点，一个行业的竞争状况是由五种作用力决定的，即现有竞争者的竞争、潜在进入者的威胁、替代品的威胁、买方讨价还价能力和卖方讨价还价能力。作用力越强，行业的竞争也更加激烈。传统的行业竞争是通过提高产品质量、降低产品价格、促销与提供优质服务等行为来进行的。行业的竞争结构由企业本身及其他竞争企业（包括替代品企业、互补品企业、潜在竞争企业等）构成。

而以互联网为基础的信息技术的广泛应用可以从多个方面改变行业竞争结构，从而使得竞争更加激烈。

在信息时代，企业获取生产及管理技术更为方便和迅速，一种新的技术会在短时间内被普遍应用；顾客获取产品信息更为方便，可以对多种产品的价格、性能、服务等信息进行全面分析；同时，顾客购买产品可以不再受时间和地理位置的限制，买方讨价还价能力增强使原有厂家定价规则为客户与厂家共同协商所取代，企业为了吸引和留住顾客，千方百计地提供更多、更实惠的人性化服务，企业的竞争方式也从传统的关注利润向关注顾客转移。

2. 顾客需求行为方面

从顾客需求行为来看，顾客需求行为决定了企业的目标市场。企业的目标市场是指企业在长期的经济活动中，根据销售额、顾客对商品喜好等因素总结出来的消费者的消费习惯，从而针对某一消费群体，制定企业产品生产计划、市场目标和营销策略等。

信息化影响企业的目标市场体现为消费者及其行为的变化上。随着网络通讯技术的发展，造就出了"e 时代"的消费群。他们足不出户就可以做到"货比三家"。他们经常利用搜索引擎，大范围地搜索自己需要的商品，并对这些商品的性能、价格与服务等进行全方位的选择和比较，以求所购买的商品价格最低、质量最好、最有个性，他们追求并易于接受新奇的思想和事物，喜欢张扬个性，主动向商家表达自己的想法，希望一些产品能够为他们量身定做，因而自觉或不自觉地参与到企业的新产品开发等活动中来。这些消费者行为的变化，迫使企业经营策略随之调整。

3. 企业市场交易模式方面

从企业市场交易模式分析，在传统的市场交易中，企业处于主导地位，顾客，特别是消费者只有选择权。而在网络时代，电子商务发展迅猛，交易手段和方式发生了根本的改变。市场调查公司的研究报告显示，企业直接从供应商网站购买已经成为趋势，B2B 交易（企业对企业的电子商务模式）的优越性不仅在于降低了交易成本，而且改变了传统的交易流程，缩短了交易时间，企业内部价值链扩展到连接企业的供应商和客户网络。

企业通过电子商务强化的供应链，大大缩短了从接受订单、原材料采购到发货的周期。通过供应商、分销商的信息共享，实现实时主动的生产计划，降低生产消耗，减少中间环节，达到企业的零库存。企业围绕顾客（个人、组织或企业）的意愿组织生产，使顾客的地位得到上升。消费者处于主导地位，他们不但有选择权，还可以直接参与产品或服务设计、生产和定价等。

二、 信息化条件下企业经营的应对策略

随着信息技术的发展，网上电子商务的开展给企业的内外经营环境带来了根本变化。企业要适应这些变化的因素，以求得市场生存，就必须对自身作出调整或改革。

第一，转变企业的经营思想和经营战略，立足于信息化，从国内外两个市场来思考企业的发展，捕捉稍纵即逝的商业机会，制定企业的发展战略。

第二，创新管理机制，精简多余的机构，归并职能相似或重叠的机构，使组织结构趋于扁平化，使之形成一个团结有力、积极向上的团队，以提高企业的生产管理效率，确保企业目标顺利按时的完成。

同时，管理层要转换企业管理者的角色，将原先的指挥者角色转换到教练员、协调员或服务员的角色上来，充分发挥企业员工的创造性和积极性，建立独特的企业文化，提高企业的核心竞争力。

第三，充分利用信息技术发展的先进成果，努力打造信息化企业，提高企业对市场的敏感性。

企业信息化主要包括：① 生产制造过程的自动化，如计算机辅助设计（CAD）、计算机辅助制造（CAM）和计算机集成制造系统（CIMS）等。② 企业管理信息化。就是用信息技术将管理过程中各种资源有效集成，实现物流、资金流及信息流的无缝连接，如物料需求计划（MRP）、制造资源计划（MRPⅡ）、企业资源计划（ERP）、客户关系管理（CRM）、供应链管理（SCM）及电子商务（EB）等。③ 生产决策智能化。就是将生产和管理环节产生的大量数据进行汇总，利用专家系统（ES）、决策支持系统（DSS）、人工智能、数据仓库、数据挖掘技术等工具，快速地对数据进行整理分析，产生出对企业生产决策有用的信息，来辅助企业制定生产计划、改进生产流程和生产工艺、改善产品性能、制定营销计划与提高产品服务等。

第四，树立以人为本的科学发展观，提高员工队伍素质，促进员工全面发展。企业的竞争，说到底，就是人才的竞争。

员工队伍的整体素质决定着企业的命运。坚持以人为本，不仅把员工作为生产力要素，更要把满足广大员工物质方面和精神方面的需求作为生产、管理的重要目的；不仅把员工作为劳动者，更要把员工作为利益的相关者；不仅把员工作为生产的主力军，更要把员工作为企业的主体，充分调动员工的积极性、主动性，挖掘员工的潜能，发挥员工在企业中的主体作用。

信息化使得限制企业发展的时间与空间地域的概念消失，"技术共享、经济一体"是全球经济发展的趋势。经济体制、文化背景不同的任何国家的企业，都可以利用互联网工具，超越国家与地区的地理限制，进入国际市场。

企业经营面对的国际市场和国内市场不再有明显的界限，国内竞争与国际竞争也不再有明显的区别。信息化对企业的经营环境的影响是广泛的。信息化是决定企业成败的关键因素，也是企业实现跨地区、跨行业、跨所有制，特别是跨国经营的重要前提。企业必须根据自身的可控因素，灵活地调整自己，以适应外部环境变化给企业经营带来的影响，使企业立于不败之地。

第二节　信息化环境下企业组织结构对交易成本的影响分析

在信息化环境下，基于信息技术的扁平化、网络化、柔性化和虚拟化的企业组织结构，增强了企业不断适应环境和自我调整的能力，从而有效降低了企业经营的不确定性，并促进了企业交易成本的降低。

课堂笔记

传统企业组织结构是以机械技术为基础、以职能为导向、以稳定的环境为背景而产生的一种金字塔式的科层组织结构。

一、企业交易成本及其构成

所谓交易成本，就是达成一笔交易所要花费的成本，也指买卖过程中所花费的全部时间和货币成本。包括传播信息、广告、与市场有关的运输及谈判、协商、签约、合约执行的监督等活动所花费的成本。

一般来说，企业交易成本是一系列契约的执行成本，包括一切不直接发生在物质生产过程中的市场性交易成本、管理性交易成本与制度性交易成本。具体而言，企业交易成本包括信息成本、监督成本、协调成本、激励成本、组织成本和风险成本。

二、信息化环境下的企业组织结构特征

传统企业组织结构源于 18 世纪史密斯的劳动分工理论和 19 世纪泰勒的制度化管理理论，是以机械技术为基础、以职能为导向、以稳定的环境为背景而产生的一种金字塔式的科层组织结构。

在工业化初期，市场环境稳定，产品供不应求，企业能够以规模经济取胜的情况下，科层组织借助于分工所带来的专业化优势，赢得了整个组织的效率。

随着以 ERP，CRM，SCM 等系统应用为代表的企业信息化正逐步取代处于核心地位的机械技术，成为支撑企业组织变革的核心技术，从根本上动摇了科层组织存在的基石。

信息化强调企业组织结构的流程导向，使得企业组织结构表现出扁平化、网络化、柔性化和虚拟化的特征。

1. 扁平化

组织结构扁平化是打破专业分工和层级机构，增大管理幅度，减少管理层次，强化信息交流与沟通，以团队结构取代层级结构，依据流程导向而非职能导向建立的扁平式的组织结构。

传统的企业组织结构是金字塔式的层级组织体系，通过严格的等级体系、明确的责权统一和完备的规章制度，保证企业信息采集、加工和传递的有效性与效率。

企业信息化的实施使企业信息系统替代了中间层次所负责的信息传递、

沟通、协调和控制方面的职能，削减了中间层次，缩短了组织的高层与基层之间的信息传递距离，从而确保企业信息实时且准确的采集、加工和传递。也就是说，企业信息化淡化了传统组织结构中间层次的功能，企业中间层次逐渐退出管理领域，企业成为高效的扁平化组织。

2. 网络化

组织结构网络化是以契约关系的建立和维持为基础，以信息技术和通信技术为手段，能够实现企业信息发散传递的组织结构。

传统的企业组织结构是一种直线式的组织结构，企业信息自下而上地逐级传递，实行集权化决策；命令自上而下地逐级下达，实行统一指挥。直线式组织使得部门之间不得越级或直接横向联系，导致信息分割和信息割据，形成严重的信息壁垒和信息孤岛，增加了信息的非对称性和扭曲，导致较多的决策和管理失误。

企业信息化使得企业信息集成共享，信息传递可以上下级双向传递或者同级部门或职员的平行传递，企业信息呈网状辐射。纵横交错的信息通道可以把企业信息联为整体，避免信息割据、信息扭曲等倾向，提高了信息的可靠性，为分权决策创造了条件。

3. 柔性化

组织结构柔性化是抛弃固定的组织模式，为增强对外部环境的应变能力，实现灵活与多样统一、集权与分权统一、稳定与变革统一的组织结构。传统的企业组织结构是一种刚性结构，具有超稳定性，其基本特征是：信息的传递主要依靠纵向渠道，指挥和反馈以纵向等级链为基础，依存于固有的规范与惯性的策略进行行为选择，表现出企业的生存与变革之间的摩擦和时滞。企业信息化增强了企业的环境适应能力和内部调整能力，可以通过其对环境变化的预期来实现组织目标、战略和行为规范等要求之间的重新选择与整合，与环境变化趋同。组织结构柔性化减少了决策与行动之间的时间延迟，加快了对市场和竞争的动态反应，企业组织结构表现出高度弹性、高度流动和高度分权的柔性特征。

4. 虚拟化

虚拟组织结构是建立在组织结构扁平化、网络化和柔性化基础上，突破有形的边界，弱化具体组织结构，在市场环境变化时，将具有不同资源与优势的供应商、制造商及客户以不同的方式整合在一起的临时性的网络组织。

传统的企业组织结构以规模经济效应为目标，企业与供应商、制造商和客户之间只是简单的结算关系。而虚拟企业是一种战略联盟或战略伙伴关系，是依靠企业具有较高资产专用性和核心能力的技术与职能部门，为实行特定的企业战略目标，通过网络对企业的外部资源和优势进行整合的联盟体，它打破了传统企业组织的"法定"界限和稳定性，将不同企业的资源和优势迅速组合成一种没有围墙、超越空间约束的企业组织模式，依靠信息化手段，形成统一指挥的组织结构。

课堂笔记

三、 信息化环境下企业组织结构对交易成本的影响

1. 扁平化对交易成本的影响

在传统的层级组织结构中，部门或工序是按照职能划分的，企业分工细化，业务活动流经的部门或工序较多，运作时间较长，导致较高的交易成本。科层组织结构层次较多，中间层次只是起到上传下达的信息传递功能，信息经过中间层次的上下传递，如同增加了一道过滤器，造成信息的失真、时滞和不全面，使得企业对外部环境的适应能力降低，导致企业信息成本和风险成本的增加。

在扁平化的组织结构中，随着信息化的实施，使信息处理、传递都可以由信息系统自动完成，高层可以通过网络与基层直接进行信息沟通，缩短了纵向信息链，加快了高层与基层的垂直信息传递，提高了高层与基层的信息对称性，减少了决策与行动之间的时滞，降低了企业的信息成本和风险成本。

扁平化组织结构以流程为导向，面向企业业务流程，集成信息流、价值流和物流，消除或合并了非增值流程，形成一条无形的管理作业流水线，使企业的所有管理作业环环相扣，强化了部门之间的协同作业，实现了各部门之间的无缝连接，减少了各部门的协调环节和协调时间，减少了由于信息不对称所导致的人力、物力和财力的耗费，降低了企业的协调成本。

扁平化组织结构改变了传统的职能决定组织的思想，依据流程决定组织的管理理念，按照"流程负责、流程服从、流程支持"的原则，建立与流程管理相适应的组织结构，优化了企业的业务流程，提升了企业的信息收集、处理和传递的能力，提高了企业的运行效率，降低了企业组织成本。

2. 网络化对交易成本的影响

在企业内部，网络化组织结构的信息传递不必再遵循自上而下或自下而上的等级阶层，就可实现部门与部门之间、职员与职员之间直接的水平信息传递，拓展了横向信息链。在企业内部，这种无差别、无层次、无边界的信息交流方式，将企业内部的层级机构横向和纵向地联系起来，形成网状组织，

进一步提高了企业信息纵向、横向的传递速度和信息对称性，降低了企业信息成本和组织成本。

在企业外部，企业间组织结构网络化可以实现纵向网络化和横向网络化，纵向网络化由行业中处于供应链的不同环节的供应商、制造商和客户等上下游企业共同组成网络化组织，打破了传统企业间明确的组织界限；横向网络化由处于不同行业的企业组成网络化组织，这些企业依据业务往来相互依存。

无论是纵向网络化还是横向网络化，都实现了信息集成和数据共享、资源共享，促进了价值链信息的多维流动，突破了时间和空间的限制，因而弱化了信息不对称和信息不完全，降低了企业的信息成本、协调成本和风险成本。

网络化组织结构尽可能消除企业作业流程上可能存在的无序、相互冲突的问题，使整个业务流程有条不紊地运转，将事后检查监督改变为事前监督和事中实时控制，减少了额外的监控作业及失误，从而提高了企业的决策、控制能力，降低了企业的监督成本。同时，网络化组织结构通过信息系统，将大量的人与人的牵制，通过输入控制、处理控制和输出控制嵌入在系统中，交给"铁面无私"的信息系统执行监督控制，降低了机会主义行为和人工监督环节，从而降低了企业监督成本。

3. 柔性化对交易成本的影响

柔性化组织结构是与动态竞争条件相适应、具有不断适应环境和自我调整能力的组织，其注重增强企业柔性、敏捷性和自适应性，以应对环境的不确定性，有效规避机会主义行为的产生，降低了企业的风险成本。

企业的所有部门及职员直接面对市场，将决策权延至最远的基层，减少了决策与行动之间的时滞，增强了对市场和竞争动态变化的反应能力与协调能力，降低了企业的协调成本和组织成本。

柔性化组织本质上是一个知识体系，其内部构成不为职能单位，如部门、车间、工种等，而是依据并行工程组建起来的一个个完整的、统一的知识团队。柔性化组织的运作核心就是通过这种团队式管理，不断释放整体知识能量，进而实现企业价值空间的创新和拓展。团队的工作状况通过人力资源管理系统的绩效评估体系和激励系统自动跟踪，将团队每个职员工作的各种数据通过给定的方式传送到数据库，使管理者可以有效、实时地了解职员的工作状况。同时，绩效评估体系为职员制定了一套工作评价标准，并以此作为对职员工作测度和奖励的依据，改变了原来的信息不对称和不能测量的状况，使其透明化，变得有据可依和有章可循，降低了企业的激励成本。

4. 虚拟化对交易成本的影响

虚拟化组织结构被认为是一种低成本、高反应和高适应能力的组织结构。虚拟化组织结构打破了传统的企业组织界限，使企业界限变得模糊，降低了企业组织的构建成本和运行成本。

虚拟化组织结构既没有等级制度，也没有垂直体系，减少了官僚作风和内部摩擦，降低了企业的协调成本；虚拟化组织结构使企业的合作空间加大，企业的透明度提高，降低了企业的监督成本；虚拟化组织结构增强了对不断变化的需求及现实情况的灵活性和适应能力，减少了不确定性，降低了企业的风险成本。但由于虚拟企业是由一些相互独立的供应商、制造商和客户通过信息技术组成的一个临时性网络，无法保证其供应链的长期稳定，企业合作中的机会主义行为突出，不确定性反而较大，必然带来企业风险成本的增加。

第三节　知识经济

知识经济并不是一个严格的经济学概念，它的缘起大约与新经济增长理论有关。在世界经济增长主要依赖于知识的生产、扩散和应用的背景下，美国经济学家罗默和卢卡斯提出了新经济增长理论。罗默把知识积累看作经济增长的一个内生的独立因素，认为知识可以提高投资效益，知识积累是现代经济增长的源泉。卢卡斯的新经济增长理论则将技术进步和知识积累重点地投射到人力资本上。他认为，特殊的、专业化的、表现为劳动者技能的人力资本者才是经济增长的真正源泉。这些研究使人们对知识与经济的关系产生了全新的认识。

1996年，世界经济合作与发展组织发表了题为《以知识为基础的经济》的报告。该报告将知识经济定义为建立在知识的生产、分配和使用（消费）之上的经济。其中所述的知识，包括人类迄今为止所创造的一切知识，最重要的部分是科学技术、管理及行为科学知识。从某种角度来讲，这份报告是人类面向21世纪的发展宣言——人类的发展将更加倚重自己的知识和智能、知识经济将取代工业经济成为时代的主流。

一般认为，知识经济是以知识为基础的经济，是与农业经济、工业经济相对应的一个概念，是一种新型的富有生命力的经济形态。工业化、信息化和知识化是现代化发展的三个阶段。创新是知识经济发展的动力，教育、文化和研究开发是知识经济的先导产业，教育和研究开发是知识经济时代最主要的部门，知识和高素质的人力资源是最为重要的资源。

一、 定 义

通俗地说，知识经济，就是以知识为基础的经济。这里的以知识为基础，是相对于现行的以物质为基础的经济而言的。现行的工业经济和农业经济，虽然也离不开知识，但总的来说，经济的增长取决于能源、原材料和劳动力，即以物质为基础。

知识经济是人类知识，特别是科学技术方面的知识，积累到一定程度，以及知识在经济发展中的作用，增加到一定阶段的历史产物。

二、 如何衡量

当人类虽然有知识，但知识还相当贫乏，贫乏到需要 80% 的劳动力从事农业，解决人类吃、穿等问题的时候，称之为农业经济时代。

随着科学技术的发展，当人类把 80% 的劳动力转向工业，解决人类的用、住、行等问题，也就是只需要 20% 的劳动力就可以解决人类吃饭问题的时候，就说人类进入了工业经济时代。

随着科学技术的进一步发展，当人类又把 80% 的劳动力转向以知识为中心的服务产业，也就是只需要 20% 的劳动力就足以生产出人类所需要的工业和农业等物质产品的时候，人类便进入了知识经济时代。

可见，知识经济不仅仅是一个新兴的产业，而且是一个经济时代的标志。同时可以看到，知识经济是工业经济高度发达时代的产物。

三、 特 征

1. 资源利用智力化

从资源配置来划分，人类社会经济的发展可以分为劳力资源经济和自然资源经济和智力资源经济。知识经济是以人才和知识等智力资源为资源配置第一要素的经济与节约并更合理地利用已开发的现有自然资源，通过智力资源去开发富有的、尚待利用的自然资源。

2. 资产投入无形化

知识经济是以知识、信息等智力成果为基础构成的以无形资产投入为主的经济，无形资产成为发展经济的主要资本，企业资产中无形资产所占的比例超过 50%。无形资产的核心是知识产权。

3. 知识利用产业化

知识形成产业化经济，即所谓技术创造了新经济。知识密集型的软产品，即利用知识、信息、智力开发的知识产品所载有的知识财富，将大大超过传统的技术创造的物质财富，成为创造社会物质财富的主要形式。

4. 高科技产业支柱化

高科技产业成为经济的支柱产业，但并不意味着传统产业彻底消失。

5. 经济发展可持续化

知识经济重视经济发展的环境效益和生态效益，因此，采取的是可持续化的、从长远观点有利于人类发展的战略。

6. 世界经济全球化

高新技术的发展，缩小了空间、时间的距离，为世界经济全球化创造了物质条件。全球经济的概念不仅指有形商品、资本的流通，更重要的是知识、信息的流通，以知识产权转让、许可为主要形式的无形商品贸易大大发展。各国综合国力的竞争在很大程度上转化为人才、知识、信息的竞争，集中表现为知识产权的竞争。全球化的经济与知识产权的保护密切联为一体。

7. 企业发展虚拟化

知识经济时代，企业发展主要依靠关键技术、品牌和销售渠道，通过许可、转让方式，把生产委托给关联企业或合作企业，充分利用已有的厂房、设备和职工来实现的。

8. 人均收入差距扩大化

这是就发达国家与发展中国家、发达地区与落后地区之间而言，是知识经济带来的负面效应之一。这也是在知识经济时代，必须掌握第一流知识和信息，占领经济制高点的重要性、紧迫性所在之处。

四、影　响

在投资模式方面，信息、教育、通讯等知识密集型高科技产业的巨大产出和展现出的骤然增长的就业前景，将导致对无形资产的大规模投资。

在产业结构方面：第一，电子贸易、网络经济和在线经济等新型产业将大规模兴起；第二，农业等传统产业将越来越知识化；第三，产业结构的变化和调整将以知识的学习积累和创新为前提，在变化的速度和跨度上，将显现出跳跃式发展的特征。

在增长方式方面，知识可以低成本地不断复制并实现报酬递增，使经济增长方式可能走出依赖资源的模式，这不仅使长期经济增长成为可能，还使经济活动都伴随着学习、教育融于经济活动的所有环节；同时，知识更新的加快使终生学习成为必要，受教育和学习成为人一生中最重要的知识经济时代。

思考题

11.1 信息化对企业经营环境的影响是什么？

11.2 信息化条件下企业经营的应对策略是什么？

11.3 信息化环境下企业组织结构对交易成本的影响是什么？

11.4 知识经济的特征是什么？

课堂笔记

参考文献

[1] 王众托. 知识系统工程 [M]. 北京：科学出版社，2004.

[2] 汪应洛. 系统工程 [M]. 北京：高等教育出版社，1998.

[3] 薛华成. 管理信息系统 [M]. 北京：清华大学出版社，2007.

[4] 甘仞初. 管理信息系统 [M]. 北京：机械工业出版社，2001.

[5] 葛世伦. 信息系统运行与维护 [M]. 北京：电子工业出版社，2012.

[6] 斯蒂芬·哈格. 信息时代的管理信息系统 [M]. 北京：机械工业出版社，2007.

[7] 滕佳东. 管理信息系统 [M]. 大连：东北财经大学出版社，2008.

[8] 黄梯云. 管理信息系统 [M]. 北京：高等教育出版社，2005.

[9] 黄梯云，李一军. 管理信息系统导论 [M]. 北京：机械工业出版社，2002.

[10] 毕庶伟. 管理信息系统分析与设计 [M]. 北京：机械工业出版社，1992.

[11] 刘运哲，黎志成. 企业组织结构变革与管理信息系统的发展 [M]. 上海：中国纺织大学出版社，1996.

[12] 陈晓红，吴良刚. 管理信息系统理论与实践 [M]. 长沙：中南工业大学出版社，1996.

[13] 黄学忠. 经济信息与管理 [M]. 北京：人民出版社，1985.

[14] 乌家培. 信息经济与知识经济 [M]. 北京：经济科学出版社，1999.

[15] 左美云. 知识体系指南 [M]. 北京：科学出版社，2004.

[16] 汪丁丁. 经济发展与制度创新 [M]. 上海：上海人民出版社，1995.

[17] 仲秋雁，刘友德. 管理信息系统 [M]. 大连：大连理工大学出版社，1998.

[18] 王学东. 企业信息战略 [M]. 北京：科学出版社，2011.

[19] 包昌火，谢新洲. 企业竞争情报系统 [M]. 北京：华夏出版社，2002.

[20] 张立厚. 管理信息系统开发与管理 [M]. 北京：清华大学出版社，2008.

[21] 章宁. 信息系统开发与项目管理 [M]. 北京：高等教育出版社，2010.

[22] 邝孔武. 信息系统开发与管理 [M]. 北京：中国人民大学出版社，2003.

[23] 丁宁. 企业战略管理 [M]. 北京：北京交通大学出版社，2005.

[24] 倪庆萍. 管理信息系统原理习题解答与实验指导 [M]. 北京：清华大学出版社，2007

[25] 付亚和，许玉林. 绩效考核与绩效管理 [M]. 北京：电子工业出版社，2003.

[26] 侯书森. 企业供应链管理 [M]. 北京：中央广播电视大学出版社，2002.

[27] 娄策群. 信息管理学基础 [M]. 北京：科学出版社，2005.

[28] 林玲玲. 供应链管理 [M]. 北京：清华大学出版社，2002.

[29] 马费成. 信息资源管理 [M]. 武汉：武汉大学出版社，2001.

[30] 张厚生，袁曦林. 信息素养 [M]. 南京：东南大学出版社，2007.

[31] 张涛，文新三. 企业绩效评价研究 [M]. 北京：经济科学出版社，2002.

[32] 赵守香，姜同强，王雯. 企业信息化 [M]. 北京：清华大学出版社，2008.

[33] 周洁如，庄晖. 现代客户关系管理 [M]. 上海：上海交通大学出版社，2008.

[34] 邹昭晞. 企业战略分析 [M]. 北京：经济管理出版社，2002.

[35] 胡昌平. 现代信息管理机制研究 [M]. 武汉：武汉大学出版社，2004.

[36] 赖茂生. 信息资源管理教程 [M]. 北京：清华大学出版社，2006.

[37] 李宇军，龚江辉. 竞争性情报 [M]. 北京：中国物价出版社，2002.

[38] 陈庄，刘加伶，成卫. 信息资源组织与管理 [M]. 北京：清华大学出版社，2005.

[39] 程国卿，吉国力. 企业资源计划（ERP）教程 [M]. 北京：清华大学出版社，2008.

[40] 阴双喜. 网络营销基础 [M]. 上海：复旦大学出版社，2001.

[41] 周玉清. ERP原理与应用 [M]. 北京：机械工业出版社，2002.

[42] 岳剑波. 信息管理基础 [M]. 北京：清华大学出版社，1999.

[43] 苏选良. 管理信息系统 [M]. 北京：电子工业出版社，2003.

[44] 高纯. 信息化与政府信息资源管理 [M]. 北京：中国计划出版社，2001.

课堂笔记

［45］陈晓红．决策支持系统理论与应用［M］．北京：清华大学出版社，2000．

［46］姜同强．计算机信息系统开发：理论、方法与实践［M］．北京：科学出版社，1999．

［47］罗超理．管理信息系统原理与应用［M］．北京：清华大学出版社，2002．

［48］李劲东．管理信息系统原理［M］．西安：西安电子科技大学出版社，2003．

［49］王要武．管理信息系统［M］．北京：电子工业出版社，2003．

［50］李东．企业信息化案例［M］．北京：北京大学出版社，2002．

［51］石惠波．如何进行流程设计与再造［M］．北京：北京大学出版社，2004．

课堂笔记

附　录

附录一　以"学、用、赛、评"四位一体方式进行本课程的教学与考核

一、将管理信息系统课程划分为不同的教学模块

"管理信息系统"课程是一门涉及信息学、系统学、管理学和计算机科学等多学科的交叉性课程，课程内容相对比较抽象。人力资源管理专业作为文科类专业，学生理工科基础相对薄弱，一般来说，不涉及计算机编程、信息学和系统学等理工类课程，如果照搬计算机科学与技术等理工科专业"管理信息系统"课程的动辄就是讲授学生编程的上课形式，学生不仅难以消化理解，也与人力资源管理专业的培养目标不相一致。如果按照理工科的上课形式，学生学习完本课程以后，基本上都是一头雾水，不知道学了些什么，更不知道这门课程的价值所在。

鉴于此，结合人力资源管理专业的培养目标及学生特点，可以将"管理信息系统"课程分解为基础理论篇、系统开发篇、系统应用篇三部分，让学生对于本课程讲授内容有一个整体的印象。接下来对这三部分进行进一步的分解，将基础理论篇分解为信息与系统基础知识、管理信息系统概论等几个子模块，将系统开发篇按照管理信息系统生命周期分解为管理信息系统规划模块、管理信息系统分析模块、管理信息系统设计模块、管理信息系统应用与评价模块等几个子模块，将系统应用篇分解为职能部门信息系统、供应链管理信息系统、企业信息管理等子模块，然后将这些子模块划分为更细的模块，层层分解，形成一个严密科学的知识体系，完成对知识体系的重新架构，这样做既能够将知识体系细化，又便于学生理解掌握。

二、在每一个模块中设置理论教学与实践教学环节

在细分的每一个模块中，合理安排理论教学内容与实践教学内容的比例，

并合理地安排理论教学与实践教学的课时比例。比如以系统应用篇中的供应链管理信息系统部分为例，单纯地讲解一些有关供应链管理信息系统的基本知识，很难让学生对此有一个清晰全面的理解，这需要设置实践教学环节来进行弥补。为此，我校专门建立了实训机房，采购安装了企业生产制造信息系统应用软件，学生可以通过这个系统软件，独立地完成从制定销售计划、制定生产计划、采购原材料、生产制造直至产品生产完成检验入库的一个完整流程，切实理解供应链中信息流的流转。在企业经营决策信息系统中，学生可以以小组形式，各自以经理、销售主管、生产主管、采购主管身份，协同配合地完成一项决策过程，切实感受信息化带来的便利。这种形式的教学能够使学生将理论学习与实践应用紧密地联系在一起，提高了学习效果。除此以外，在一些模块中，可以设置一些案例分析题目或课外阅读资料来供学生学习时参考。

三、 设置专门的技能比赛项目来提升教学质量

在专业培养方案中，设置专门的技能比赛，并给予相应的学分，能够提升学生的学习积极性与学习兴趣，"管理信息系统"课程在教学过程中，也可以设置一些比赛项目来提升学生的学习和参与热情。比如，在"管理系信息系统"课程的系统开发篇中，包括信息系统的规划、分析、设计、实施与评价等几个阶段，每一个阶段都可以设置一些技能比赛。在管理信息系统规划阶段，一般涉及到信息系统规划的方法-业务流程重组，而作为业务流程重组，又有不同的重组导向：时间导向、成本导向等，在这一部分可以设置"业务流程优化"技能比赛项目，给学生设置一个当前某企业或某部门开展某项业务的流程，让学生将此流程优化为一个耗费时间更短、耗用成本更低的流程。在技能比赛期间，要给予学生相应的指导，让学生在比赛中学习流程优化的理念、步骤和方法，并利用这些基本理论、方法解决实际问题，既能达到教学目的，又能保证教学质量。

四、 实行试卷考核与学生述评考核相结合的考核形式

对于"管理信息系统"这样一些应用性较强的课程，单纯地采取试卷考核的形式，并不能很好地反映学生的学习情况。在此，建议采取试卷考核与学生述评考核相结合的考核形式，试卷考核部分考核学生对于基本理论、基本知识的掌握情况，学生述评考核部分则重点考核学生对于知识点把握、知识点应用的情况，两个方面结合起来进行综合评价，会对学生的学习效果有

课堂笔记

一个更加全面的衡量，也便于教师准确地了解学生的学习情况，有针对性地采取更加务实的教学方法。在具体的实践中，可以让学生选取一章或一节内容在课堂上就本章或本节所讲授的主要内容、主要观点、实际应用价值等方面进行阐述，同时回答教师的提问。任课教师就学生发言及回答问题的情况进行点评，并给予相应的评分，以此来督促学生积极、认真地学习。为了确保对学生述评的考核公平、合理，教师可以提前组建考核团队，设置相应的考核量表，做到考核打分细化、量化。

附录二 实训部分总体介绍

对于本课程的实训，旨在让学生认知基本的管理信息系统软件的主要功能模块设置，并通过实训操作练习，让学生掌握这些软件的主要流程操作。达到深化理论知识理解、掌握，促使学生掌握软件的基本操作练习，为其更好地适应信息化环境下的学习、工作方式，提升学生的实践动手能力打下良好的基础。

在开始实训操作部分讲解之前，先将本课程主要信息系统软件的打开方式告诉学生：

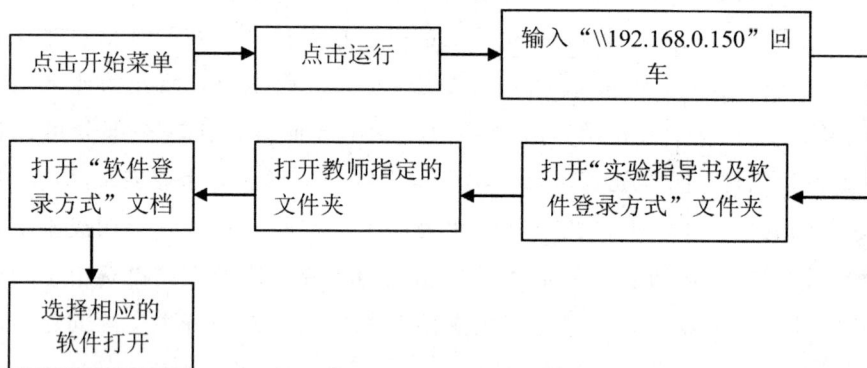

```
点击开始菜单 → 点击运行 → 输入"\\192.168.0.150"回车
                                              ↓
打开"软件登 ← 打开教师指定的 ← 打开"实验指导书及软
录方式"文档     文件夹           件登录方式"文件夹
    ↓
选择相应的
软件打开
```

对于各个软件的实训操作，主要采取教师设置学生用户名与密码、学生注册用户名与密码再经教师审核等两种方式。对于第一种方式的操作流程为：指导学生打开相应系统界面，让学生注册自己的用户名、密码，教师审核并分配岗位后，让学生用刚才注册的用户名、密码登陆本系统。对于第二种方式则由教师自行设置完成，然后再将用户名、密码分配给学生，由学生自行登陆。

附录三　实训项目考核方案

为了确保学生掌握各种实用的信息化操作软件，培养学生的职业操作能力，对于本课程的实训部分内容，要采取有别于传统卷面考核的模式。

一、　考核形式

实训考核为主，平时考核为辅。

二、　成绩构成

课程整体测评成绩＝平时成绩×30％＋期末实训考核成绩×70％

当然，关于平时成绩的权重与期末实训考核成绩的权重，各任课教师可以结合自身的实际情况，作出相应的调整。

关于期末实训考核成绩的具体认定，可以借鉴"'管理信息系统'实训操作部分考核评分表"进行评定。当然，具体各个不同评分模块的分值也可以根据实际情况进行调整。

"管理信息系统"实训操作部分考核评分表

序号	操作中各环节衔接程度 20 分	操作中独立完成程度 20 分	实训报告撰写规范 10 分	实训报告成绩 50 分	得分
1					
2					
3					
4					
5					
6					
7					
8					
9					
10					
11					

续表

序号	操作中各环节衔接程度20分	操作中独立完成程度20分	实训报告撰写规范10分	实训报告成绩50分	得分
12					
13					
14					
15					
16					
17					
18					
19					
20					
21					
22					
23					
24					
25					
26					
27					
28					
29					
30					
31					
32					
33					
34					
35					
36					
⋮	⋮	⋮	⋮	⋮	⋮